Découvrez l'histoire par les archives de presse

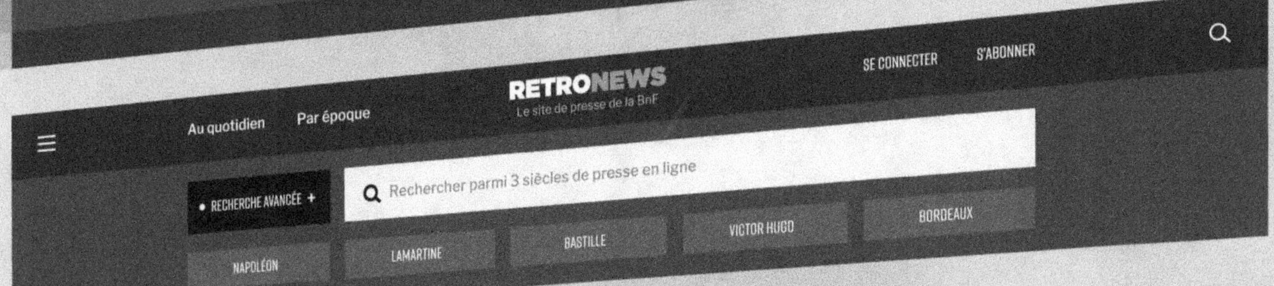

RETRONEWS

Le site de presse de la BnF

www.retronews.fr

Cahier N° 8 Prix : 0 fr. 75 Novembre 1922

LE NÉO-NATURIEN

Beauté Liberté — Art et Nature

REVUE

des Idées Philosophiques & Naturiennes

Le "Néo-Naturien"

Revue Mensuelle des Idées Philosophiques et Naturiennes

Directeur-Fondateur : Henry LE FÈVRE

Adresser tout ce qui concerne la Rédaction et l'Administration à CHATILLON-SUR-THOUET, près Parthenay (Deux-Sèvres)

Chèque postal : Bureau de Paris (1er Arrondt) C. C. 378-26.

ABONNEMENTS :

FRANCE		ETRANGER	
5 Exemplaires.....	3 fr. 75	5 Exemplaires.....	4 fr. 25
10 Exemplaires.....	7 fr. »»	10 Exemplaires	8 fr. »»

Le Néo-Naturien *parait le 10 de chaque mois.*

SOMMAIRE

N° 8 : Novembre 1922

A toute lettre nécessitant ***une réponse,*** prière de joindre un timbre.

Les camarades désirant se procurer n'importe quel ouvrage de nos collaborateurs (livres, brochures, chansons, gravures, etc.) peuvent nous les commander, ainsi que tout ce qui concerne le Naturisme, Néo-Naturianisme, Végétarisme, Anti-Alcoolisme, Végétalisme, etc.

Méditation sur Bascon

Le 28 août dernier, je consacrais à la colonie végétalienne de Bascon mon article hebdomadaire du *Journal du Peuple*. Sur une tentative dont tous doivent reconnaitre la noblesse et qui par la sincérité d'une conduite adéquate exprime des pensées et des sentiments profonds, je me gardais, malgré un goût pervers pour le journalisme et pour certains sourires discrets, de la petite chronique plaisante et gouailleuse. A lire tels humoristes fameux, je sens trop douloureusement que l'esprit parisien est la forme la plus brillante de la sottise et certaines grimaces rieuses ne s'obtiennent point sans fermer les yeux.

Un individualiste évite d'ailleurs sans effort le pire de tous les ridicules : la crainte du ridicule. Les rires trop facilement contagieux sonnent, pour ses oreilles comme, à travers la poussière soulevée par le passage du troupeau, un vaste bêlement.

Ce qui faisait mon article superficiel, c'était uniquement, outre mon impuissance, ses étroites limites : et mes sympathies ne se dissimulaient point pour l'œuvre de Bascon, ni mes tendances vers la vie simplifiée jusqu'à la beauté et jusqu'au bonheur.

Quelques jours plus tard, dans le même *Journal du Peuple*, Fanny Clar me répondait par un article amusé et amusant où l'esprit ne nuisait point toujours à la profondeur et où le rire enveloppait plus d'une objection sérieuse.

Cette amicale attaque m'a paru appeler mieux qu'une réplique : une méditation plus prolongée et plus grave que ne le permet un quotidien.

Grave, je vais m'appliquer à le demeurer tout le temps, quoique ce soit difficile quand sonne le rire clair et communicatif de Fanny Clar. Voici que je me tiens par la barbichette et je garde mon sérieux même lorsque la joyeuse camarade vante certain « banquet fraternel où, bêtes et gens s'entr'aidant pour la subsistance, la vie devient moins rude à tous » ; banquet où, comme on sait, on s'entr'aide si fraternellement pour la subsistance que l'un des deux frères finit par trouver un fraternel refuge dans le ventre fraternel de l'autre.

Fanny Clar n'est pas toujours aussi aimablement fantaisiste. Elle constate avec profondeur : « Nous vivons parmi la douleur universelle, incapables de déterminer où elle commence et où elle se termine. Règne animal et règne végétal en arrivent à se confondre. Qui peut assurer au végétalien que la plante ne souffre pas ? » Souvent d'ailleurs, remarque-t-elle, il nous est impossible d'épargner l'animal : les Basconnais eux-mêmes, infestés de souris, ont permis qu'une « jolie chatte fût introduite au royaume d'Arcadie ». Toutes ces considérations conduisent Fanny Clar à conclure : « Si on accepte la mort anticipée d'un animal, il n'y a plus de raison d'en épargner aucun ».

Fanny Clar me parait atteinte d'une noble maladie, la fièvre de l'absolu. J'admire les scrupules d'où sort son « plaidoyer pour la souris », pour la taupe et le sanglier, pour le légume aussi et le fruit, qui souffrent peut-être.

Le malheur, c'est que son affection, l'*absolutite*, si sympathique d'abord, offre ensuite des phases pénibles au patient et au spectateur. La voici hélas ! dans une sorte de coma éthique et dans l'absolu du découragement.

Pour moi j'évite le mal en considérant qu'un doute et une certitude ont sur le cœur comme sur l'esprit des pouvoirs différents. La plante souffre peut-être, mais l'animal souffre certainement. Plutôt que l'intolérable certitude de causer une souffrance évidente, j'accepte le risque, cruel encore mais inévitable, de créer une souffrance possible. Quand je fais tout ce que je peux, je ne m'adresse plus aucun reproche.

A manger l'animal que j'ai nourri d'abord de la plante, j'ajouterais d'ailleurs la souffrance possible à la souffrance certaine et je détruirais deux formes de vie au lieu d'une.

Contraint de tuer l'animal hostile ou même, hélas ! l'animal déprédateur, du moins je ne tue pas sans y être forcé. Le désespoir de ne pouvoir consentir à toute ma bonté ne me rend pas paradoxalement cruel. Je refuse de prononcer durement avec Fanny Clar : « Si on accepte la mort anticipée d'un animal, il n'y a plus de raison d'en épargner aucun. »

Mais Fanny Clar, en ce moment, dit-elle sa vraie pensée ? Eh ! non, elle songe moins au problème pratique et à sa propre conduite qu'à embarrasser l'adversaire qu'elle s'est choisi. Je vois pétiller d'ici ses yeux de malice. Si je prenais au sérieux une parole qui rit, elle en serait embarrassée plus encore que moi. A généraliser de la sorte, à supprimer ainsi toutes les distinctions et, sous prétexte que les frontières ne sont pas toujours discernables, à consentir tous les élargissements et toutes les confusions, où irions-nous ? Pas où veut arriver Fanny Clar. La pente où elle cherche à nous pousser c'est elle qui y glisserait, éperdue et perdue, si nous exigions qu'elle reste fidèle à sa parole imprudente et à son raisonnement de vertige. Que répondrait-elle si, lui faisant remarquer qu'entre l'homme et les autres animaux, il y a moins de différence encore qu'entre l'animal et la plante, on affirmait à sa manière : « Il n'y a plus de raison » d'épargner l'homme.

Ah ! la dangereuse logique, pour qui s'en sert ! A celui qui admet la peine de mort, ou la violence révolutionnaire, ou même le meurtre en cas de nécessité et de légitime défense, dirai-je : « Si on accepte la mort anticipée d'un homme, il n'y a plus de raison d'en épargner aucun » ? Je ne consens pour ma part, en aucun cas, à aucune violence physique contre aucun homme ; mais je ne pousse pas l'injustice jusqu'à raisonner aussi durement contre tous les anti-Tolstoïens ni même, malgré l'exemple de Fanny Clar, contre Fanny Clar.

Soyez relativiste pour les autres, chère Fanny Clar, comme pour vous-même. L'absolu est un abîme où halète et meurt l'intelligence. Aux discussions les plus âpres, ne tentons jamais d'y précipiter l'adversaire : il nous entraînerait dans sa chute.

Dès que Fanny Clar cesse un instant de songer aux Basconnais et de vouloir embarrasser Han Ryner, ah ! comme elle devient plus humaine... Quelques lignes avant la sentence trop dure sur quoi il serait injuste de condamner même qui la prononce, elle écrit : « Ne pas tuer inutilement me paraît le meilleur commandement ». Nous voici d'accord. La constatation qu'elle n'est pas toute-puissante et toute libre ne lui fait pas rejeter, dès qu'il s'agit d'elle, ce qu'elle peut faire. Etre relatif, elle échappe au découragement et à l'abandon en ne se commandant ni l'impossible absolu positif, ni le mortifère absolu négatif. Qu'elle permette aux autres êtres relatifs de croire que ce qui est légitime chez elle et qui lui apporte le salut intellectuel et éthique n'est interdit à personne.

« Ne pas tuer inutilement ». J'accepte avec reconnaissance, Fanny Clar, la formule que vous vous offrez et que, sans le vouloir, vous m'offrez. Mais le concept d'utilité varie avec chacun. La seule liberté peut résoudre de telles difficultés. Les Basconnais seraient tyranniques s'ils prétendaient nous imposer leur opinion et leur conduite. Ne soyons pas non plus tyranniques à leur égard. Leur unique droit c'est de nous demander de réfléchir un peu plus avec notre cerveau, non avec le leur ; notre unique droit, c'est de les engager à réfléchir encore avec leur cerveau, non avec celui de Fanny Clar. Chacun n'a à consulter que sa conscience.

Ainsi, quoique nul ne puisse réaliser son idéal, chacun s'en rapproche avec plus ou moins de bonne volonté. Nous ne poussons plus orgueil ou paresse jusqu'à rejeter tout le fardeau précieux parce que nos bras étroits n'en peuvent embrasser qu'une partie.

Que pouvons-nous ? « La loi naturelle n'a pas de générosité. Elle se montre impitoyable ». Mais l'homme n'a jamais obéi à la nature que pour lui commander et la transformer selon son rêve.

Le sourire paisible et rassurant des blés,

c'est, sur la face de la plaine, la beauté d'un sourire humain. L'arbre greffé, au lieu de la baie sèche et âpre qui lui fut naturelle, donne dans son fruit une plénitude qui vient de nous ; notre bouche à le mordre est envahie d'une saveur et d'un parfum d'humanité. Plus que le champ, autant que le verger, le jardin est de la nature humanisée. Aussi la machine, le navire, l'automobile, l'avion.

Hélas ! l'homme est encore un enfant. Trop souvent il a plié la nature à d'indifférents caprices, il en a obtenu péniblement mille jouets qu'il prend, pauvre gosse, au sérieux. Parfois même, non content de la puériliser, il la rend folle ou ivre au rythme de ses ivresses ou de ses folies. Il manipule ses présents jusqu'à en faire l'alcool, l'opium et d'autres moyens de s'abêtir ; jusqu'à en tirer des munitions de guerre et autres moyens de se tuer. Mais, quand il aura réussi à s'humaniser enfin lui-même, ne l'humanisera-t-il pas elle aussi selon sa sagesse et son vouloir profond ?

Toutes « les conquêtes de la civilisation » nous rendent fiers quand nous admirons quel génie elles ont exigé. Mais si étonnantes que nous paraissent les Pyramides d'Egypte, nous n'éprouvons pas le besoin de dresser de tels tombeaux à Poincaré ou à Millerand. Nous rejetterons, quand nous saurons mieux appliquer notre esprit critique, plus d'un autre trésor inutile ou nuisible. Nous rejetterons tout ce qui nous asservit davantage ; nous conserverons ce qui contribue à nous affranchir.

Alors, dans notre liberté élargie, nous ferons rayonner plus de paix et de bonté. Alors je reprendrai sérieusement « le plaidoyer pour la souris » sans y cacher, comme Fanny Clar, un réquisitoire qui exige la mort du bœuf et du poulet. Ce qu'elle feint aujourd'hui de plaider dans le seul but d'embarrasser de pauvres juges plus durs qu'ils ne le voudraient, je le plaiderai demain pour donner à des juges plus libres une joie de générosité. Quand nous pourrons écouter mieux notre cœur, à tout vivant qui ne nous sera pas directement hostile nous déclarerons la paix. Notre sourire de riches restera amical devant les grains rongés par des êtres sans méchanceté. Nos beaux loisirs étudieront avec bienveillance des dispositifs purement défensifs pour abriter contre des dents naïves les produits de notre industrie qui exigent trop de travail pour qu'on en fasse de la banale nourriture.

Fanny Clar, je le crains, mêle deux problèmes très différents quand elle affirme : « La fatigue épargnée au bœuf, les colons de Bascon la prennent à leur compte et je les défie bien, si leur domaine s'agrandit, de parvenir à subsister sans employer le tracteur animal ou la machine que des hommes rivés à l'esclavage de l'usine auront construite loin des blés mûrissants de Bascon ».

Le problème de la machine fabriquée par qui s'en servirait ne contiendrait, il me semble, nul élément éthique. Construite par d'autres, il exige — et c'est tout — la justice dans l'échange. Les colons de Bascon usent d'un tracteur mécanique. Ils l'ont payé — je ne sais plus exactement — onze ou douze mille francs. Chaque fois que je regardais ces ferrailles ingénieusement assemblées, il me paraissait que onze mille francs de blé représentent plus de besogne que ce métal extrait, préparé et agencé. Les colons de Bascon ont payé ce qu'ils leur devaient aux hommes qui sont « rivés à l'esclavage de l'usine » comme eux-mêmes sont courbés vers la terre. La seule question est de savoir si le tracteur épargnera plus d'effort qu'il n'en a coûté. Cette question purement économique, l'homme devenu raisonnable ne la résoudra pas en bloc pour ou contre toute machine. Quelques-unes coûtent probablement plus qu'elles ne rendent ; d'autres nous offrent en bénéfice un peu de repos et de libération.

Quand les produits seront payés exactement ce qu'ils coûtent, quand on échangera des efforts équivalents, de tels calculs deviendront faciles. La liberté universelle résoudra tous ces cas d'espèce.

Le problème du travail animal est autrement complexe. L'idée d'imposer à un vivant une contrainte qui ne soit pas purement défensive me cause toujours quelque inquiétude. Un échange de services même égaux qui ne s'accompagne point du sourire de deux consentements libres m'apparaît tyrannie et abus de la force. Cependant, si notre alliance ne s'achevait par un meurtre, un travail modéré imposé à l'animal en échange de soins affectueux — encore qu'il me soit difficile d'affirmer qu'il ne préférerait pas repos et liberté — choquerait peu mon éthique humaine, trop humaine. Mais la fatigue de l'homme est, je crois bien, transposée plus que supprimée. Le valet de ferme est-il moins esclave de l'animal que le jardinier n'est serf de la glèbe ? En dehors des soins directs et quotidiens qui éveillent le valet avant le jour et ne lui permettent, comme on parle, de dormir que d'un œil, comptez le travail du maçon qui a bâti l'étable, du carrier qui en a conquis les pierres, le travail exigé pour obtenir les nourritures de la bête : le bœuf ou le cheval coûte plus de besogne qu'il n'en épargne.

Mais on n'est pas très exigeant pour les arguments quand on attaque avec mépris « un idéal de pureté qui ne peut demeurer qu'un de ces actes de foi n'ayant pas de répercussion sur le bonheur humain ».

Je ne suis pas assez polémiste pour m'égayer à embarrasser Fanny Clar. Si pourtant elle s'était hasardée à définir le bonheur, il me semble que sa définition serait bonne à jeter aux cochons du gouvernement et de la mercante ; ou, noble et profonde, elle conduirait peut-être tout droit à Bascon. Pour moi, le bonheur me paraît chose subjective : je le place dans la liberté de mes rythmes et dans la richesse de mon activité intérieure. Je ne vois d'autre moyen de l'assurer que l'affranchissement aussi absolu que possible du monde extérieur. Les plus heureux des hommes furent les épicuriens grecs, tout sourire, grâce et facilité. Ils avaient trouvé leur salut dans la pratique de cette analyse du désir qui est le chef d'œuvre, toujours utilisable et libérateur, d'Epicure grand maître en gay sçavoir. Débarrassé complètement des désirs artificiels, l'épicurien rit des ambitions d'honneurs, de pouvoir, de richesse, de tous les asservissements recherchés par l'homme stupide. Quand il le peut sans effort, il satisfait les désirs naturels et non nécessaires. D'un travail léger il obtient toujours la bouchée qui apaise sa faim, l'eau qui exclut sa soif. Ensuite, corps harmonieux et esprit qui joue en liberté, il « dispute de félicité avec tous les dieux ».

Ces grandes lois de la vie qui firent le bonheur, jusqu'à ce que les jalousies voisines les eussent exterminées par le fer et la flamme, des nobles fraternités pythagoriciennes ; qui, pendant des siècles, jusqu'à ce que la barbarie chrétienne eût tué ou dispersé les bienfaisants « athées », firent le succès des communautés épicuriennes et la sobre « volupté » de leurs membres : les colons de Bascon, par leur bonne volonté, les ont découvertes de nouveau.

Or, l'équilibre de l'humanité, de quoi serait-il fait, sinon de l'équilibre des hommes ? Le bonheur de tous est une somme. Je fais pour lui presque tout ce que je peux quand, par l'abandon des faux besoins, je lui apporte mon bonheur et l'exemple de mon bonheur.

Voilà la voie de la seule Révolution efficace et durable.

Quiconque voit la Révolution dans les brusques secousses et les mouvements collectifs ne sait rien de la vie humaine ; il s'étonnera de constater qu'après quelques oscillations l'apparente Révolution nous laisse exactement à notre point de départ ; il a pris une grande marée pour une conquête définitive de la mer.

Vouloir la Révolution avant l'affranchissement intérieur d'hommes nombreux, c'est vouloir un mouvement sanglant qui avance pour reculer. Le poids des avidités actuelles fait retomber tout élan. La Révolution, avant que nous soyions délivrés de ce poids, c'est — regardez vers la Russie — la famine. Et c'est, pour quiconque ne s'est pas affranchi lui-même des désirs factices, la mort ou le consentement à plus de servitude et plus meurtrière.

Aux époques troublées comme à celles qui — apaisées peut-être seulement de lointain — nous paraissent calmes, le bonheur n'a jamais été obtenu que par la simplification de la vie extérieure. Elle seule libère jusqu'à la santé nos rythmes physiques ; elle seule surtout affranchit jusqu'à la joie fécondante nos rythmes intérieurs.

Les colons de Bascon ont dû accueillir avec un rire amusé certaine phrase où ils sont comparés « à une secte monastique ». Je voudrais traduire en paroles un peu de ce que signifie leur bon rire :

Le moine est heureux à deux conditions : que sa foi intérieure coïncide exactement avec les dogmes proclamés par sa parole ; que sa volonté coïncide exactement avec les gestes exigés par la règle ou ordonnés par les supérieurs. Harmonie payée de sacrifices trop profonds et d'une immobilité contraire à notre nature. Harmonie qu'il n'est jamais sûr de maintenir jusqu'à demain. Si son bonheur n'avait à craindre le moindre souffle, que signifieraient ses bavardages concernant les tentations et ses appels répétés à la grâce efficace ? Ce bonheur appauvri, ankylosé et toujours menacé, n'est pas celui de Bascon. Nous ne sacrifions rien de notre pensée actuelle ni de ses développements ou de ses déplacements futurs ; rien de notre volonté d'aujourd'hui ou de demain. Nul dogme ne paralyse notre esprit ; nulle règle et nul supérieur ne dirigent nos bras comme des instruments. Même, presque jamais, notre accord n'est fait de concessions souriantes ; il est, d'ordinaire, l'harmonie préétablie par le consentement de tous aux nécessités de la nature. Le travail qu'elle nous impose, nous l'aimons comme la vie elle-même; pour notre joie et pour notre instruction profonde autant que par nécessité, nous rythmons nos besognes au rythme des saisons. Nos efforts, souples comme le mouvement même de la vie de la terre, se coordonnent, ne se subordonnent pas à d'autres efforts. La parole ici n'est jamais autoritaire, ni le geste servile : quand le plus compétent donne fraternellement un conseil technique, c'est que le conseil fut fraternellement sollicité.

Bascon, une abbaye ?... Pourquoi pas, si le mot peut faire plaisir à Fanny Clar. Plus beau d'être réalisé par des travailleurs qui se suffisent à eux-mêmes et que leur travail équilibre, voici, perfectionné, le rêve de Rabelais. Voici l'abbaye de Fais-ce-que-voudras ; voici l'abbaye de Thélème.

Si quelqu'un lamente que la nature limite trop nos volontés, ce quelqu'un ignore ce que c'est que vouloir. Il salue du nom libérateur le tyrannique caprice. Car la volonté nous libère doublement : par son mépris de tout ce qui n'est pas nécessité naturelle ; par son amour des vraies nécessités naturelles.

Bonheur, forme que je dégage du bloc quand je disperse l'inutile en éclats et en poussières, je ne puis te créer qu'en moi. Mais si l'on rencontre assez souvent ta beauté, tous t'aimeront, te voudront, te réaliseront. Donner à l'humanité un homme heureux et qui rayonne le bonheur, c'est tout ce que je puis pour elle. L'idéal de Bascon paraît à Fanny Clar « reposant sur une erreur, tendre vers le néant ». Je le vois, au contraire, fortement appuyé sur la vérité éthique et, comme l'ouvrier penché à sa besogne, tourné vers l'avenir que notre humanité humanisera.

C'est du moins la grâce que je souhaite dans les siècles des siècles aux Fanny Clar comme aux Han Ryner de demain.

Han RYNER.

VÉGÉTALISME

Le Problème de la Viande

(Suite)[1]

Réponse à une maman

Toi qui, consciemment, veux être maman, comment peux-tu concevoir que l'on parvienne à créer de la vie avec du cadavre en putréfaction, avec de la mort ?

A ce compte-là on ne peut obtenir que des asticots, me diras-tu...

Je n'irai pas jusque-là ; mais je dis *qu'on ne peut, avec de l'alimentation morbide, que créer de la morbidité*. Je pourrais invoquer en témoignage de ceci la dégénérescence ascendante de l'humanité, ce serait d'un succès trop facile. J'aime mieux m'expliquer.

M'étant aussi consacré quelque peu à l'étude de la puériculture et de l'eugénitique sous tous leurs rapports, il m'a été donné, au cours de mes observations, de constater objectivement que nombre d'enfants débiles arriérés, dégénérés, anormaux, avaient été procréés par des parents sobres, bien constitués ; mais ces enfants avaient été engendrés pendant la nuit de noces, après ingestion de mets trop excitants, de viandes faisandées, de pâtisseries indigestes, le tout arrosé de vins trop... généreux

J'ai constaté aussi que des ivrognes repentis, des tuberculeux, des cardiaques, des hépathiques, des névropathes, avaient procréé des enfants sains et normaux à la faveur d'un régime végétarien strictement observé pendant l'année au moins qui précéda la fécondation.

Est-ce parce que nos cellules seraient, d'après certains auteurs, complètement renouvelés (dans leur matière) en deux mois environ, et qu'après amendement du régime, les cellules nouvelles ne seraient qu'*héréditairement* et non spécifiquement tributaires de nos affections ? Est-ce par ce principe très admissible, le motif qui ferait que nos enfants seraient, non plus frappés directement de nos maux, de nos tares, mais *simplement prédisposés* à ces affections, à ces vices, ce qui serait déjà beaucoup ?

Il est certain qu'en imposant à l'organisme la suppression des toxiques, l'abstention à toute alimentation morbide, à toutes pratiques nuisibles, *nous avons coupé l'aliment au mal*, et détruit pour une part, la plus grande somme des éléments pathogènes. Par la modification des éléments organiques, nous avons aidé certainement à la transformation de l'organisme capable, dès lors, de créer de nouvelles cellules de plus en plus énergiques, de plus en plus saines et plus aptes à la lutte.

L'expérience est tentante et ne peut être que profitable à tous les points de vue. Essayons-la !

---

1. Voir Cahiers 3 et 4 du *Néo-Naturien*.

Les médecins sortent des écoles complètement ignorants de ce que doit être le régime alimentaire, non seulement pour les malades mais principalement pour les personnes qui les consulteraient en vue d'une action préventive du mal : et cela est si vrai, qu'en matière de procréation, ils s'occupent uniquement de la femme, et déjà bien mal, alors que pour avoir un enfant, il faut, je crois bien, être deux.

Nombreux sont les médecins qui laissent cultiver ce préjugé funeste que la femme enceinte doit manger pour deux, sans cependant savoir encore ici, ce qu'il faut exactement conseiller ou défendre. Pourquoi n'a-t-on pas appris aux mères que le fœtus ne progresse *que de 10 à 15 grammes par jour, après le deuxième mois seulement*, et que la disparition des règles compense déjà, pour une part, cette proportion ?

Pourquoi le médecin impose-t-il toutes sortes de restrictions à la « nounou » alors qu'il accorde toutes les licences à la maman lorsqu'elle est gravide (1), surtout si elle fait partie de sa riche clientèle... ? Dans ce cas on sent quelque... diplomatie de la part du médecin et rien ne peut être imputé à son ignorance de la diététique et de la sitiologie (2). Que vient faire la diplomatie, envers les parents, dans une situation où il ne doit être question que de la vie de l'enfant ?

J'ai suivi des cours de puériculture et cela pendant plusieurs années ; jamais je n'ai entendu dire, dans ces cours, cette vérité cent fois contrôlée par moi et par une poignée de médecins végétariens, qui le clament mais en vain, que la maman végétarienne avait toujours un lait abondant et généreux et qu'il n'y avait jamais à craindre pour elle l'éclampsie et les mille misères des suites malheureuses de l'accouchement. Je n'ai jamais entendu dire non plus, qu'en général, il suffisait de mettre au régime végétarien une maman allaitant insuffisamment pour que la lactation devienne normale et s'y maintienne.

Je n'ai pas non plus entendu dire qu'une lactation trop riche, trop abondante, pouvant compromettre la santé de la mère et de l'enfant, était ramenée à de justes proportions par le régime végétarien. Pourtant, cela est.

Les physiologistes, professeurs de puériculture, ne doivent pas ignorer que le phénomène lactigène a son origine dans le foie qui,

---

1. Le mot gravide ne s'est d'abord appliqué qu'à l'utérus : utérus plein, utérus lourd, utérus gravide ; puis ensuite certains médecins l'ont appliqué à la femme enceinte : femme gravide.

2. Diététique : étude de l'hygiène et de la thérapeutique alimentaire. — Sitiologie : traité des aliments. A l'énoncé de ces deux sciences, signalons l'action louable et consciencieuse entreprise par le professeur Dr Marcel Labbé qui dirige un service de régimes alimentaires à l'hôpital de la Charité à Paris, tendant rien moins qu'à remplacer le laboratoire pharmaceutique par le laboratoire alimentaire. Malheureusement il est à signaler que les cours d'enseignement pratique de cette méthode, avec laquelle on obtient très rapidement des « guérisons radicales » dans toutes les affections de l'estomac, de l'intestin et du foie, tout en initiant le malade à la préparation de son régime, ne sont fréquentés que par une poignée d'auditeurs composés en majeure partie d'hygiénistes ; les médecins — en raison de leur nombre et de la nature d'une science dont ils devraient être les premiers initiés — étant toujours rares à toutes les démonstrations d'action preventive du mal et d'éducation pratique du malade et du bien portant.

déjà, se remplit pendant la période qui précède la lactation, d'une graise semblable au lait ; et, sans la production de cette graisse, la lactation devient impossible.

S'ils savent cela, il leur devient donc facile, puisqu'ils en ont les moyens — et quels moyens, hélas ! — de contrôler si ce phénomène se produit de même façon, selon que la femme *en état de gravidité* est végétarienne ou carnivore. Je déclare tout de suite que nous sommes contre toutes les vivisections et que, seule, **l'intelligente condensation des expériences humaines peut nous édifier dans la pratique d'une vie harmonique.**

Dira-t-on que, tout de même, la puériculture est une jeune science qui rend des services appréciables, qu'il est injuste d'en médire et que ses bienfaits se font sentir chaque jour ?

Dira-t-on que j'exagère et que si, en 1922, les médecins n'apprennent pas tout de cette science, ils ont tout de même assez d'éléments de savoir et d'autorité, pour apporter toutes garanties au développement normal de la gestation et de l'enfant ?

*
* *

Je vais ici donner la parole aux médecins de 1922 et laisserai mes lecteurs avertis ou même profanes, bons juges de la question.

Voici quelques passages d'un article paru dans *Le Nouveau Journal des Medecins* du 20 mars 1922, pages 67 et 68, signé du Dr E. Terrien, *ancien chef de clinique*.

« Chez l'enfant comme chez l'adulte, il peut exister vis à vis de tel ou tel aliment certaine intolérance élective. Cette intolérance peut d'ailleurs être primitive et congénitale (idiosyncrasie), ou acquise et secondaire à des troubles digestifs (anaphylaxie) (1). Elle peut être extrêmement accusée ; *ces enfants ne peuvent supporter la moindre parcelle de certains aliments sans être pris aussitôt de symptômes d'intoxication.* »

« ... Lesné et Richet ont bien mis ces faits en lumière, et l'observation suivante résume les principaux caractères de cette intolérance :

Une fillette de huit ans, de bonne santé habituelle, présente cependant de temps à autre des poussées d'urticaire ou de l'œdème partiel de la face.

Un jour, au milieu du repas de midi, douleur abdominale subite, intense ; l'enfant se roule à terre, diarrhée abondante. Puis les douleurs disparaissent et l'enfant continue son repas.

Les jours suivants, mêmes accidents *au même moment*. On supprime le vin, la viande : les accidents recommencent ; on incrimine alors l'œuf : *dès qu'on l'eut supprimé, les accidents disparurent.*

Quatre mois après, l'enfant prend un peu d'entremets (dans la composition duquel entrait de l'œuf). Aussitôt après l'ingestion de la première cuillerée, l'enfant est prise de douleurs abdominales intolérables et de vomissements, avec extrémités froides et facies cholériformes.

Ces manifestations peuvent d'ailleurs, suivant les cas, être plus ou moins accusées. Leur caractéristique réside dans la soudaineté

---

1. Celle-ci est due au passage dans le sang des albumines étrangères ingérées sans qu'elles aient subi dans le tube digestif les transformations habituelles. C'est donc l'insuffisance digestive qui prépare l'anaphylaxie.

avec laquelle les troubles apparaissent, *sitôt l'ingestion* d'aliments anaphylactiques. »

DIAGNOSTIC : La rapidité d'apparition des accidents est en général un des meilleurs signes d'anaphylaxie.

1. Petite anaphylaxie : c'est ce caractère qui fera reconnaître l'origine anaphylactique de ces urticaires à répétition, de ces prurigos récidivants, de ces poussées d'eczéma, de ces œdèmes subits de la face, de ces migraines si souvent observées.

2. Les grands accidents gastro-intestinaux feront songer parfois à une péritonite par perforation, à une occlusion intestinale, à une appendicite.

« ... Ainsi, en présence de ces manifestations digestives ou d'une explosion d'urticaire, de prurigo, etc., il faudra toujours penser à la possibilité de cette étiologie. »

TRAITEMENT (*sic*)

« Quand le diagnostic étiologique a été posé, le traitement devient facile. Bien entendu on supprimera, *tout au moins temporairement*, l'aliment qui déchaîne la crise. Mais **on s'efforcera aussi de modifier l'état (anaphylactisable) du malade lui-même.**

« Pour cela MODIFIER L'ÉTAT HUMORAL de l'ENFANT par une INJECTION ou une ingestion préparante. Weill (de Lyon), dans certain cas d'intolérance lactée du nourrisson, relevant de l'anaphylaxie au lait. a fait disparaître cette intolérance par une INJECTION SOUS-CUTANÉE d'un à deux centimètres cubes de lait. De même encore, Pagniez, en faisant absorber une heure avant le repas une petite dose de peptone, évitait l'apparition d'urticaire, de migraines, d'asthme chez certains sujets *présentant une anaphylaxie aux albumines animales.* Enfin les malades de Schoffield et Laisné furent guéris par la même méthode. *Anaphylactisés aux œufs*, **on peut les rééduquer** pour ainsi dire, par l'usage de minimes quantités d'œufs (1/10.000) enrobées dans du lactate de chaux. Par l'emploi de ces doses homéopatiques, l'intolérance aux œufs finit par disparaître.

« ... CONCLUSION. — C'est-à-dire que le régime devra alors, comme le recommande Laisné et Richet, passer par trois étapes successives :

a) Pendant toute la phase des accidents aigus, l'enfant sera laissé à la diète hydrique ;

b) Dans une deuxième période, qui pourra être plus ou moins prolongée, le régime sera purement végétarien avec minimum d'albumine ;

c) Peu à peu, enfin (*sic*), on reprendra l'usage de ceux-ci (œufs, viandes, **etc.**) en favorisant leur digestion *par l'emploi des ferments digestifs et en les donnant à doses très minimes et progressivement croissantes.*

*
* *

Non ! je ne puis me taire, comme je l'avais promis dès l'introduction de cet article, d'autant plus que j'ai dû souligner toutes les parties en italiques et en capitales qui figurent dans la composition pour en souligner l'inanité.

Comment ? Quand un enfant ne voudra pas s'abreuver de laits baptisés puants, malpropres, truqués, sophistiqués, contaminés, comme ils le sont tous (1), quand il ne pourra tolérer le chocolat (2), l'œuf conservé, pollué, à moitié pourri, que l'on vend couramment aux malheureux ; quand il vomira au contact d'une bouchée de cadavre ; quand il se refusera énergiquement à ingérer des crustacés, à goûter au vin, au café (compris peut-être dans le « **etc.** » souligné), je le frapperai comme certains parents ignorants le font, ou bien je le condamnerai, suivant les médecins cités plus haut (qui ne sont pas des ignorants, eux...) **à être percé comme une écumoire.**

Alors que cet enfant est en pleine possession d'une qualité précieuse et fort rare qui assure le parfait équilibre de ses sens éclairés : l'*Instinct*, je le **rééduquerais !**

Ah ! je comprends... il faut le mettre à la hauteur des nécessités et de la moralité d'un siècle caractérisé par un pullulement de perversités, d'insanités, de fantaisies criminelles et de désirs fratricides.

Il faut le préparer à tout cela comme les littérateurs, les journalistes, les politiciens et certains « éducateurs et moralistes » le prépareront à toutes les croyances, à toutes les abdications, à toutes les prostitutions, à tous les esclavages !

***

Il reste entendu que nous venons de parler, *non du bébé*, mais de l'enfant qui ne devrait pas, normalement, différer biologiquement des petits de mammifères (tel le veau) qui passent de l'alimentation lactée à l'alimentation de l'adulte, sans heurt, mais sans manger d'œufs et sans consommer le lait d'autres animaux. On voit mal le petit veau sevré de la vache aller ensuite téter une ânesse. C'est

---

1. Je n'ignore pas que le lait est pasteurisé à 70 degrés par la plupart des grandes firmes de « ramasseurs de lait, mais à ce taux de stérilisation il n'est détruit que les ferments *les plus intéressants* qui le font « tourner ». Quant aux ferments dangereux que la manipulation, les épidémies, les épizooties, les maladies des bêtes y apportent, ils résistent parfaitement à cette vaine précaution qui ne sert que les spéculateurs.

Le lait stérilisé à 120 degrés est un lait dont les parties « vitales » sont détruites, c'est un lait *dévitalisé*, et il faut savoir que le *scorbut* est une maladie qui résulte d'une alimentation dévitalisée. Le lait bouilli, outre qu'il est privé de ses graisses volatiles, est cause que quelques albuminoïdes deviennent insolubles ; ces matières *non transformées par la digestion dans l'estomac*, passent dans l'intestin sans être *modifiées* et produisent des troubles putréfactifs et fermentescibles. Ce sont justement ces principes de putrescibilité et de fermentescibilité qui expliquent l'action de désintoxication que l'on peut exercer dans l'intestin du *malade* traité par le lait bouilli ou transformé en « yogourt », en « képhyr » ou simplement caillé : 1° Les ferments lactiques, contre-poison énergique, triomphant des toxines accumulées dans l'intestin par une mauvaise alimentation ; 2° l'estomac se reposant, puisque l'alimentation lactée donnant au malade, pendant les quelques jours de traitement, l'illusion qu'il mange, le lait n'exercera donc qu'une action thérapeutique dans l'intestin.

Voilà ce qui explique pourquoi l'homme bien portant se rend malade en consommant du lait et pourquoi le malade, *seul*, le supporte jusqu'à *sa guerison seulement.*

2. Aurait-on l'idée de servir un plat d'oseille à un enfant ? et cependant on lui fera manger une tablette de chocolat *qui tient autant d'acide oxalique que le plat d'oseille ;* c'est pourquoi le chocolat rend tous les enfants malades.

cependant trop souvent le cas pour l'enfant, qui paiera toujours cette irrégularité, de constipations, de diarrhées, de gastro-entérites, de dermatoses cessant aussitôt qu'on abandonne le lait pour le bouillon de légumes, les soupes de céréales et légumes très variés, les jus de céréales cuites ou les jus de fruits.

Le lait est un aliment de croissance, mais à la condition qu'il soit tété directement par le petit de la mère ou de la femelle : le lait de vache ou d'ânesse est de nature à former régulièrement un veau ou un ânon et *irrégulièrement un enfant* : la différence du poids de " l'enfant vache " et de " l'enfant homme " devrait être sur ce point une indication suffisante.

Le lait est un aliment de croissance, mais n'est pas un aliment de force : la preuve en est donnée par ce phénomène d'anémie et d'engraissement associés que l'on constate chez un enfant lorsqu'on ne le sèvre pas à temps.

Toutes ces constatations ne suffisent-elles donc pas à l'homme éclairé pour abandonner l'usage du lait ?

J'invite même les adultes en bonne santé à boire du lait s'ils veulent être malades : « Pour bien digérer le lait, l'adulte n'a pas la présure qu'il faut, et il a la pepsine qu'il ne faut pas ; il n'a pas non plus l'intestin assez long pour en absorber la graisse (Pages). Le lait ne se digère que lorsqu'il est consommé seul *(pour ceux qui pourraient encore le digérer)* ; consommé avec d'autres aliments, **il en empêche la digestion et se comporte comme un véritable poison.**

Mais dira-t-on, si la mère est incapable d'allaiter son bébé, il faudra bien recourir au lait emprunté aux animaux : c'est vrai, mais on ne le fera pas sans risque, puisque la mortalité atteint près de 50 pour cent (1) des nouveaux-nés alimentés artificiellement *et que les survivants n'en sortiront pas indemnes.* Ensuite mon rôle, ici, ne se borne qu'à prévenir la mère contre toutes les insuffisances : c'est à prévenir le mal que je travaille, et je renvoie le lecteur aux ouvrages de la Doctoresse Sosnowska, du docteur Pascault (2) et plus spécialement à la brochure de notre camarade Sophie Zaikowska, *Le Lait et les Œufs* (3), en ce qui concerne l'alimentation artificielle du nouveau-né. Pour parer au plus pressé, sur cette question importante de l'allaitement artificiel, je recommanderais plus spécialement l'usage des laits séchés en paillettes, et à défaut le lait stérilisé avec addition de jus de fruits remplaçant le sucre : orange, raisin, citron, pommes (canada ou rainette).

Ce qui semble le plus curieux dans cette question du lait, c'est que les adultes, entichés de ce pitoyable... aliment, n'ont d'argument pour le défendre qu'en le sacrant indispensable à... l'enfant ; et on les verra faire la queue devant les laiteries, prêts à payer n'importe quel prix le breuvage disputé à l'enfant, qui a le malheur de n'en plus avoir de sa mère !

Quant à l'œuf, destiné à la reproduction et non pas à l'alimentation, je suis de l'avis de nombre de médecins affirmant qu'il vaut largement « un bon bifteck », car un bifteck, je l'ai suffisamment démontré (4), ne vaut pas un clou.

---

1. Chiffres officiels fournis par l'administration des Enfants-Assistés.
2. En vente à la Société Végétarienne de France, 17, r. Dug.-Trouin, Paris.
3. En vente au « Néo-Naturien », à Châtillon-sur-Thouet [Deux-Sèvres].
4. Lire « Le Broblème de la Viande », Cahiers 3, 4, 5 du *Néo-Naturien*.

Pour en finir sur cette question du lait et des œufs — on ne peut la traiter plus longuement dans le problème de la viande — je mettrai les mamans en garde contre le danger, *souvent mortel*, qu'elles peuvent faire courir à leurs enfants, et même aux adultes, en composant des mets, des entremets, où l'œuf et le lait sont mélangés dans des crèmes, des pâtisseries, des cuisines à la crème qui, *si elles ne sont pas consommées sur l'heure*, peuvent provoquer une intoxication alimentaire dont l'issue est, hélas ! trop souvent fatale, et cela, malgré toute la science des " anaphylaxistes " et les maîtres de l'art culinaire, qui déclarent ce mélange bien inoffensif, si l'on se sert de produits de première qualité... De première qualité, ah ! le bon billet !!

Je les mettrai en garde aussi contre les œufs — provenant de basses-cours avoisinant une mare ou une fosse à purin — qui, battus crus avec le lait, *constituent la plus terrible des cultures* ; ces œufs (et principalement ceux de cannes) étant toujours infectés de microbes paratyphiques.

Enfin, je mettrai en garde les mamans contre l'alimentation de caserne des cantines scolaires, qui persiste à être criminelle, pour le plus grand bonheur des nécrophages puériculteurs et des repopulateurs à outrance.

Tout récemment (mai 1922), au sujet de la mort, par intoxication alimentaire, d'un juge d'instruction parisien, des observations judicieuses ont été enfin faites à cet égard au public... bourgeois et qui confirment ce que nous, " empiriques ", disions depuis longtemps contre tous les anaphylaxistes en mal d'injection et de vaccination. Malgré ces avertissements on annoncera, deux mois plus tard, 120 victimes par empoisonnement de mets et pâtisseries à la crème, en France, à Orthez ; et cependant une censure cauteleuse est exercée par les syndicats marchands intéressés sur la presse, pour qu'elle se taise à ce sujet...

Je ne serai donc plus seul à décrier les médecins et la médecine — lorsqu'ils doivent être décriés — car notre camarade Henry Le Fèvre, dans le cahier n° 4 du *Neo-Naturien*, s'exprime ainsi : « ...La médecine qui, de dérivés en dérivés, ne sut plus rien, ne fut plus rien sans une pharmacie ». Mais voilà, l'ami Le Fèvre n'est pas diplômé médecin, il en est de même pour moi qui n'ai jamais cherché à décrocher le plus petit diplôme malgré quinze années d'études de médecine préventive. Mais qu'on se rassure sur l'autorité de nos affirmations, car le professeur Dr Hayem, déjà en 1903, dans le n° 968 du *Correspondant*, écrivait ceci : « La proportion des cas d'empoisonnement *chronique par les médicaments*, dans la clientèle des villes, est — toutes maladies chroniques prises en bloc — de 80 0/0 ! C'est énorme... » C'est pourquoi le naturien a bien raison de préférer le naturel à l'artificiel.

Aussi te semblera-t-il indiscutable, à toi qui veux consciemment être maman, que tu ne puisses avoir qu'un enfant « artificiel », si tu as mal mangé et que tu l'as composé " d'artifices " tels que : alcool, vin, thé, café, viandes, œufs, lait, conserves, pâtisseries, tout cela « relevé » et « assaisonné » par d'autres artifices : sucre industriel, sel à l'excès, poivre, vinaigre, cornichons, pickles, piments, saumures, moutarde, ail, « quatre-épices », safran, bouillons préparés, sauces, arômes chimiques, et si, par dessus tout, ton compagnon était *nicotisé* jusqu'aux ongles.

(A suivre) Louis RIMBAULT.

CONSTATATIONS

(Suite)

95. — Après les avoir affamés, les comités de secours les plus bourgeois sollicitent notre obole pour les Russes. Il est bien temps, hypocrites ! Si nous secourons nos frères de là-bas, ce ne sera pas par votre intermédiaire, mais nous ferons nous-mêmes le geste qui doit être fait. Et nous serons certains que notre obole leur parviendra.

96. — Après avoir gardé pendant des mois un innocent dans un cachot, on vient lui dire : « On ne trouve rien contre vous, vous êtes libre ». C'est un abus intolérable que tolère un régime dit républicain, sous lequel la liberté individuelle est un mythe. Ce qu'on appelle la « détention préventive » est une chose odieuse. C'est un moyen d'assassiner les gens avant de les juger.

97. — La peine capitale est une piètre comédie où le rôle de défenseur de la société est assumé par un bourreau en redingote et en « tuyau de poêle » qu'escortent des juges et autres personnages non moins grotesques. On va jusqu'a offrir au condamné à mort du rhum et des cigarettes ! L'aumônier s'avance avec son Christ et lui dit : « Courage ! » Jusqu'au barbier qui joue un rôle là-dedans, complétant la bande sinistre. L'autorité se montre ici dans toute sa beauté, dégoûtante, répugnante, écœurante...

98. — La France est un des pays du monde où la liberté individuelle existe le moins. Un homme politique peut faire enfermer ses ennemis sous n'importe quel prétexte ! Il trouve, pour le seconder dans sa besogne, des juges à tout faire ! Triste pays où l'on ne peut soutenir une idée, combattre une politique, être soi-même en un mot, sans qu'aussitôt on nous mette la main au collet. Et quand on entend proclamer par la bouche de ses représentants qu'il est le pays du droit et de la liberté, on ne peut qu'accueillir ces déclarations par un immense éclat de rire !

99. — S'il est faux de prétendre avec les nationalistes que « la guerre c'est la paix », il est beaucoup plus juste d'affirmer, en présence des résultats d'une semblable conception : « La guerre, c'est la paye » ! On s'en aperçoit.

100. — A notre époque de civilisation et de progrès on voit des prisonniers faire « la grève de la faim » en manière de protestation contre l'injustice qui les frappe. Cette ignominie est la conséquence du régime d'iniquité entretenu et soutenu par d'anciens anarchistes qui détiennent le pouvoir. On met au « droit commun » des hommes coupables du crime de ne pas penser comme tout le monde, et l'unique moyen dont ils disposent pour attirer sur eux l'attention c'est de se suicider. Autorité monstrueuse qui tolère pareille ignominie, qui non seulement la tolère, mais l'entretient par sa haine de toute pensée libre et de tout geste généreux.

101. — Comment ne pas éprouver un immense découragement quand des tribuaux « révolutionnaires » condamnent à mort, comme les tribunaux bourgeois, les ennemis du régime qu'ils représentent ? Rien n'est changé dans la société du moment que la peine capitale n'a point disparu. Celle-ci atteste que l'autorité existe toujours et que la tyrannie n'a fait que changer de nom.

102. — Le hasard m'a fait découvrir sur les quais de ces vieux « assignats » qui d'ailleurs ne sont pas rares, et sur lesquels je lis en face de la date : *L'An IVe de la Liberte*, ces mots qui sont une prime à la calomnie, au mouchardage, à la délation et à tout ce que l'on voudra : « **La Nation récompense le dénonciateur** ». Ces mots, mis bien en évidence, sont pour moi révélateurs : ils me prouvent que l'esprit révolutionnaire de 1793 ne vaut pas mieux que l'esprit de l'ancien régime qu'il prétend avoir remplacé. Cet esprit triomphe encore à notre époque. Nos révolutionnaires respectent la tradition, dignes continuateurs des hommes de la Terreur, petits comme eux et sans envergure. C'est le même esprit bourgeois qui sévit, et cet esqrit n'a rien de révolutionnaire.

103. — Il faut vraiment avoir le « feu sacré » pour rester pauvre en restant fidèle à ses idées, et cela quand on voit comment des camarades se comportent à votre égard, leurs reniements et leur égoïsme. Tant d'autres s'enrichissent en se vendant, n'ayant jamais assez d'argent dans leurs poches !

104. — Il y a dans l'humanité les gens qui pensent à quelque chose, l'infime minorité, et il y a les autres, les brutes, qui ne pensent à rien. Digérer, boire et dormir est l'idéal de ces eunuques. Quant à se sentir troublé devant le mystère de l'infini : quant à réfléchir sur ces grandes questions : la création, l'âme, l'éternité, la beauté, ce n'est point dans leurs habitudes. Ils passent dans la vie sans avoir jamais pensé à ces problèmes angoissants.

105. — Abstenons-nous de prendre part à toutes les manifestations de l'esprit autoritaire et grégaire. C'est le moyen d'en finir avec celui-ci. Si les gens restaient tranquillement chez eux au lieu de participer aux réjouissances qui s'échelonnent du 1er janvier au 31 décembre, le pouvoir serait en partie désarmé. Le grand obstacle à la libération du peuple, c'est le peuple lui-même. Pour dix personnes qui s'abstiennent, des milliers accourent... Un drapeau, un phono, un ciné, un verre d'alcool, et l'âme militariste du peuple se réveille.

106. — La comédie des « conférences » qui se joue à tour de rôle dans les grands centres de l'Europe coûte à chaque peuple des millions. Chaque peuple *se saigne* pour que ses représentants se promènent, fument et digèrent, en disant des insanités. Spectacle tout à fait normal en un temps où l'imbécilité et l'ignorance mènent le monde.

107. — Dire que l'on ne peut que protester sans aucun résultat pratique contre les crimes que commet chaque jour l'administration envers la nature et l'humanité. L'administration — tant civile que militaire — accumule gaffes sur gaffes. Elle poursuit la ruine d'un pays, elle cherche à l'anéantir, sous prétexte de le défendre. C'est au nom du patriotisme que les militaires, soutenus par les civils, assassinent leur patrie.

(*A suivre*) GÉRARD DE LACAZE-DUTHIERS.

Les lois naturelles, base de doctrine universelle

(Suite et fin)

La S. V. publie un journal : *Hygie* (17, rue Duguay-Trouin, Paris, VIe). Il est indispensable que le plus grand nombre possible sache qu'elle édite une bibliothèque précieuse et dans laquelle il faut puiser pour se guider. Je demande — comme récompense de mon labeur — que chacun de mes lecteurs réclame au journal *Hygie* la liste des ouvrages qu'il met en vente. Les quelques francs dépensés en achat de volumes seront utilement employés : en parlant ainsi je suis certain de répandre un bienfait.

LES CONSÉQUENCES PRATIQUES DU VÉGÉTALISME INTÉGRAL

sur l'Évolution Individuelle et Sociale (1)

Que faut-il à l'homme pour vivre ? Un peu de légumes, un peu de grains, même pas 100 grammes d'huile et c'est tout ! Il faut environ par adulte journellement 2 kilogrammes de racines, de verdure, c'est le produit annuel d'environ un mètre carré de culture dans un terrain ordinaire.

Avons-nous besoin de cette vie compliquée qui n'est que la lutte d'un contre tous, qui nous a amené cette horrible guerre qui coûta la vie de millions d'hommes et dont les funestes suites pèseront lourdement sur nous et nos arrière-petits-enfants ?

C'est que la paix elle-même n'est que l'apparence de la paix, la lutte est constante entre les hommes, car leurs appétits sont illimités. Tout homme craint le lendemain. De quoi demain sera-t-il fait ? Quel événement va-t-il se produire ? L'ouvrier, le commerçant, le riche même sent quelquefois l'angoisse le mordre. Qui est à l'abri ? Les plus puissants même de la terre souvent sont inquiets, craignent une catastrophe, suent d'angoisse à la pensée que peut-être quelque événement, le jeu des circonstances va faire s'écrouler tout ce qui fait le charme de leur vie.

La société humaine est telle qu'il y a un agent à chaque coin de rue, chacun de nous serre précieusement son porte-monnaie, nos portes ont des serrures et la bataille perdure, entre commerçants et acheteurs, ouvriers et patrons, elle prend actuellement une certaine acuité entre paysans et citadins et est une caractéristique de la vie chère.

D'autre part nous voyons les maladies organiques se développer. Rhumatisme, tuberculose et aussi la folie, le cancer. A quoi cela tient-il ?

Est-il quelque chose en dehors de nous-mêmes, en dehors de l'humanité qni crée ce malaise économique, moral, physiologique, qui frappe l'humanité tout entière et chaque individu dans son être et dans sa descendance ?

C'est la rançon du progrès !

Les autos de soixante chevaux comme des bolides parcourent les routes, les aéroplanes sillonnent les nues, mais si par suite le pétrole est rare dans nos lampes, nous mangeons toujours plus de viande, de sucre, nous

(1) Conférence faite le 23 février 1921 par M. Butaud, président de la Société végétalienne de Bascon (par Château-Thierry), à la mairie du VIe arrondissement.

avons du vin, de la bière, du café, etc. La table d'un paysan, d'un ouvrier est garnie comme ne l'était pas certes, celle d'un seigneur du moyen âge, mais celui-ci, pour la servir, ne mettait pas à contribution les cinq parties du monde.

. . .

L'homme, ce roi de la création, cette intelligence, est-il autre chose, qu'un animal ? Est-ce parce qu'il a découvert quelques lois naturelles qu'il peut soumettre la nature ? Est-ce la nature qui peut commander ou l'imagination humaine !

L'homme n'est qu'un produit ; ce n'est pas parce que je sais que 2 et 2 font 4 que je ne suis pas le descendant de l'anthropopithèque, s'il y a 50 siècles que mes ancêtres ont dérobé au ciel une étincelle, s'il y a quelques siècles que l'homme vit en partie d'aliments cuits, il y a des milliers de siècles antérieurs pendant lesquels l'homme vécut de fruits, de pousses vertes, de racines : l'homme est le produit de l'alimentation crue.

Où sont les animaux qui font cuire leurs aliments ?

La complication de l'existence a fait de la terre un bagne, un mauvais lieu à l'atmosphère empestée et en un siècle une famille de parisiens s'éteindrait si le sang frais des provinciaux ne venait la vivifier à nouveau.

En résumé domination de l'individu par ses appétits, ses besoins anormaux, ses fantaisies gustatives, son entraînement désordonné pour toute espèce de jouissance raffinée et immédiate, misère subséquente, dégénérescence, douleur individuelle, douleur universelle, voilà où nous avons abouti.

Voilà tantôt trente ans que je fréquente les réunions populaires, eh bien, nulle part je n'ai entendu la vérité. Nos tribuns, nos meneurs ne nous conduisent pas dans le bon chemin.

Le bon chemin, ils ne le connaissent pas. Ils sont ignorants comme leurs auditeurs, ce qu'ils cherchent : c'est à plaire. On n'est d'ailleurs meneur qu'à cette condition.

Et pourtant, voyant que l'humanité n'est pas heureuse nous devrions reconnaître que nous suivons une mauvaise route, qu'il ne faut pas continuer à s'enliser dans le bourbier qui ne produit ni bonté ni grandeur. De cela l'orateur populaire ou mondain n'en a cure. Il continue la même voie, il faut donner au monde plus de chevaux-vapeur, capter plus d'énergie dans les forces naturelles. Il ne trouve pas autre chose.

Il faudrait au contraire porter la guerre dans les cerveaux, reconnaître qu'il n'est pas rationnel de partir du tout pour qualifier la partie, du groupe pour déterminer l'individu, de l'individu pour justifier l'atome, de l'organisation sociale pour faire le bonheur de l'homme.

L'erreur est à la base de la société. Aucun bien ne sortira d'aucune agitation tant que le grand mot d'organisation sera le point de départ de l'activité humaine dans la recherche des vérités qui constituent le véritable savoir. J'ai parcouru tout le cycle des théories sociales courantes, du radicalisme au communisme en passant par le socialisme et j'ai compris le néant du grand mot organisation. Avec ce mot on prétend transformer le monde sans que l'individu ait à changer.

Et comme cela on a des adeptes, on n'arrache pas un à un l'individu à la foule erronée, on emboite le pas à la foule. C'est plus simple.

Il n'y a pas de parti qui sauvera l'humanité, pas d'organisation. Il y a une somme de vérités qui est le patrimoine commun à tous les hommes. Voilà ce qu'il faut dire. Il faut dire au chercheur : Avant de coopérer, de communier sois un bon élément de coopération, de communion. Si nous n'avons pas abouti à une vie individuelle plus belle, à une société plus heureuse, si nous vivons dans un monde féroce aux faibles, aux pauvres, c'est que nos parents nous ont mal guidés, c'est que nos connaissances individuelles sont en défaut.

Le grand Descartes nous apprend qu'il faut refaire l'étude de tous nos gestes. Faisons appel à la méthode cartésienne. Refaisons donc notre éducation. Et l'éducation commence du jour où nous ouvrons les yeux. Mieux l'ontogénèse nous démontre que nous portons le poids des fautes commises, que nous profitons des vertueuses conséquences de nos lointains aïeux.

Soyons scientifistes, appliquons à nous-mêmes les méthodes rationnelles d'étude que nous appliquons dans tous les domaines.

L'individu n'est qu'un maillon dans la grande chaîne de l'espèce. Etudions donc les besoins de l'individu.

La véritable doctrine humaine est celle qui s'appuie non sur les rêves fuligineux de fraternité, d'amour, rêve sur lequel ont bâti toutes les philosophies, les religions et qui nous ont mené où nous sommes : l'histoire ne se révèle à nous que comme une longue suite de combats épouvantables de peuples, de races, de groupe à groupe, de tribu à tribu. La véritable doctrine qui réconciliera tous les hommes est celle qui aura sa base appuyée sur le granit des réalités, des choses concrètes, qui prendra la nature telle qu'elle est, qui n'en fera ni une bonne chose, ni une chose mauvaise, n'ayant pas pour nous à modifier ses lois selon nos desiderata.

C'est donc dès que l'homme naît qu'il faut étudier ses véritables besoins. Et alors, nous reconnaissons que le végétalisme s'impose, que l'enfant, comme tout petit de mammifère ne tête plus lorsqu'il a des dents assez fortes, que conséquemment l'enfant n'a nul besoin d'autre nourrice que sa mère, que sa dentition, l'état de son estomac, les dimensions de son intestin placent l'homme parmi les fruitariens.

Ces vérités qu'on semble seulement découvrir à nouveau, cependant révélées depuis tant de siècles par les plus grands philosophes, ne sont pas cependant le produit de découvertes géniales, le simple bon sens nous les fait admettre, mais voilà, les petites questions de détail, de goût, d'habitude, d'entraînement nous cachent, dissimulent les grandes lois générales, nous n'avons pas une grande ligne de conduite, nous sautons pour ainsi dire d'un pavé sur l'autre, nous vainquons les difficultés journalières, nous franchissons les obstacles qui naissent dans notre marche, nous marchons... nous marchons... nous vivons.

*
* *

Le végétalisme n'est donc qu'une partie de la doctrine unique qui guidera vraiment l'homme.

Le primitif, l'ancêtre vivait comme nous voyons vivre l'animal dans nos plaines, nos bois, dans l'air, sous les eaux ; l'ancêtre vivait libre.

Lequel de nous, riche, pauvre ne s'est pas quelquefois arraché à la tâche coutumière et levant la tête ne s'est pas écrié : « Que les bêtes sauvages sont heureuses ! » Qui n'a pas envié le sort de l'oiseau franchissant isolé ou en troupe l'immensité, qui ne s'est pas surpris à jouir du spectable des lapins de garenne jouant dans la clairière !

Ou est cette liberté, cette vie naturelle, normale que nous envions comme le lot de tout être ? Non seulement nous sommes les galériens d'une société qui a détruit toute liberté en nous dotant de besoins raffinés et de devoirs écrasants, mais encore, cette vie noble de l'animal nous l'avons transformée en une vie pire que la nôtre quand nous avons pu le réduire en captivité.

« La terre est couverte de ténèbres et remplie de repaires de violence » nous enseigne l'Ecriture et nous savons que le veau qui vient au monde n'a droit qu'à soixante centimètres de corde. Sitôt né, sitôt attaché. Rivé au mur pendant des mois, des années, voilà la vie naturelle que nous faisons à un pauvre être innocent !

Partout où il y a une chaumière, une ferme s'élève un lien de tourment ! les bêtes sont enchaînées nuit et jour, les bœufs, les chevaux s'exténuent sous le joug, dans les brancards le jour, la nuit on les rive au mur !

Ah elle est belle la paix des campagnes. Les poètes peuvent la chanter !

Allons donc, ouvrons les yeux, arrière le mensonge ! L'homme est le fléau de la terre, partout où il pose le pied il enchaîne, il emprisonne, il exploite.

Le végétalien ne reconnaît pas à l'homme le droit de dominer, d'abuser de sa force sur des êtres sensibles au même titre que lui, s'il est obligé de se débarrasser d'un parasite, d'un ennemi, il le fait le plus vivement possible en abrégeant autant que faire se peut la souffrance.

Il sait qu'à la base de la vie il y a la lutte et la loi du moindre effort, il ne part pas d'une idée préconçue, il observe que l'individu ne poursuit que son propre bonheur, qu'il est inconscient du malheur d'autrui, que pour survivre il faut vaincre, mais il sait que la brute déjà chez les animaux superieurs a quelquefois un instinct qui le pousse à des actes d'entr'aide, de solidarité, il sait que lui, être intelligent, compréhensif, clairvoyant peut et veut être un agent de bien sur la terre, il s'élève au-dessus de la brute parce qu'il veut être un dieu bon et non un dieu farouche, sanglant, dominateur et cruel, il comprend la solidarité qui le relie aux autres êtres parce qu'il comprend leurs souffrances. Il ne tient pas à conquérir, n'oubliant pas que l'on est presque toujours possédé par sa conquête : la liberté réside peut-être dans le moindre besoin de possession. Il ne se ravale pas à dominer, non parce qu'il se donne un but sur terre autre que celui de vivre heureux, mais parce qu'il sait que cette espérance d'un peu de bonheur ne peut être le fait du malheur, de l'asservissement de l'animalité.

A l'élevage des animaux le végétalien préfère celui des enfants. Le système antique de vivre des bêtes, parmi les bêtes est une collaboration dont aucune partie n'a tiré de bienfaits. L'humanité ne se développe pas, concurrencée qu'elle est par l'animalité. Ce n'est pas seulement qu'en Irlande que le mouton — ce sot animal — a flanqué l'Irlandais à la mer. Partout où vit l'animal domestique, la terre devient rare. Il faut à un cheval, à une vache un hectare de terre pour vivre. Sur un hectare 3 hommes y vivraient, mais on donne à l'animal du grain, des produits de toute sorte et des kilos qu'il consomme nous rend des grammes.

A Bascon, petite société communiste où nous sommes tous végétaliens, une dizaine en hiver et une vingtaine en été, nous nous trouvons très bien du régime et du système de vie sans animaux domestiques.

Les faibles de volonté pour justifier leur conduite — c'est-à-dire la masse des hommes — donnent à l'action du milieu social une action qu'elle n'a pas. Moi, individualiste, je sais fort bien par la comparaison de ma vie antérieure et de ma vie présente que l'éducation individuelle crée le bonheur et que l'addition des individus libres et conscients crée le milieu adéquat.

Les multiples exemples de vie collective de toutes sortes d'insectes et d'animaux nous démontrent bien que telle est l'organisation intime du sociétaire, telle est l'organisation de la collectivité. La ruche est bien le produit de la collaboration des abeilles, elles ont un caractère, des attributs spéciaux, particuliers dont bénéficie la collectivité, chacune joue le rôle que son organisme lui a dévolu. La vie collective n'est même que le produit des caractères, des attributs, des fonctions individuelles conjugués.

Si les voisins du groupe communiste ne vivent pas en communisme, c'est parce qu'ils ne le veulent pas. Même base de la vie paysanne en France, en Italie, en Russie, etc., en Amérique, partout enfin dans les pays civilisés, c'est que les paysans individuellement le veulent, rien ne peut les empêcher d'unir leurs efforts, de supprimer les bornes, de cultiver en commun, c'est faux de dire que la propriété individuelle est imposée par le milieu.

L'individu crée son milieu, les transformations individuelles font les transformations du milieu, il ne faut pas que l'on continue à envisager le végétalisme comme un système thérapeutique, le végétalisme est une partie de la doctrine de libre examen qui transformera le monde.

Le guide de l'homme est un ensemble de petites vérités ; chaque jour nous combattons pour rejeter une part d'erreur ; la science, l'expérience sont pour tous le moyen d'investigation sérieuse, c'est guidés par leur conjugaison que nous pouvons seulement espérer vivre moins mal que nos ancêtres.

Quant à moi, je cherche à réparer le mal que j'ai fait dans le cours de ma vie antérieure. Certainement j'ai commis les mêmes erreurs, les mêmes fautes que mon père, que mes aïeux, que mes fils commettront, les jeunes suivent le même chemin, le même processus que leurs aînés, quoi qu'on dise et quoi qu'on fasse les mêmes sottises seront faites, à une variante près, mais c'est cette variante qui est formidable, rien n'est révolutionnaire comme elle, sans elle rien ne se transforme.

Mais déjà du jour où un homme d'omnivore devient végétalien, de ce jour, de la souffrance est abolie ; des animaux qui devaient naître, pour être condamnés au martyre de l'esclavage toute leur vie, ne naîtront pas. Que peut faire un misérable homme de plus beau, de plus noble, de plus grand que de vivre sans faire souffrir. Savoir que l'on vit sans être cause de souffrance, c'est avoir fait un pas conséquent dans le domaine de la connaissance.

Vivre du produit de sa bêche, seul, au fond d'une retraite, ignoré sans doute, c'est s'élever aussi haut que l'homme puisse s'élever, ne lui demandons rien de plus, si au surplus il aide encore quelque autre à l'imiter, alors il est plus grand que les plus grands, il est le sel de la terre, les peuples omnivores en restant le fléau.

Avant de terminer cette causerie je veux vous faire saisir les conséquences immédiates du végétalisme dans les relations d'un homme.

Je connais beaucoup de coopérateurs de Château-Thierry, ville près de laquelle j'habite. Je suis d'esprit foncièrement coopérateur et prône la coopération. Un jour un camarade m'interpelle. — Pourquoi ne fais-tu pas partie de la coopérative de consommation ? — Mon vieux, pourquoi ferais-je partie de la coopérative puisque je n'ai rien à lui acheter, j'achète mon huile, mon savon en gros et n'achète nulle part à peu près rien d'autre. Je ne consomme ni vin, ni café, ni liqueurs, ni sucre, pas d'épicerie, pas de conserve, pas de viande. Tu vois que si les gens faisaient comme moi non seulement la coopérative n'aurait pas lieu d'être, mais les commerçants, qui comme des araignées derrière leur toile, guettent le client, feraient maigre chère. Si les gens devenaient végétaliens, que de boutiques fermées, de l'épicier au boucher ! La mort du commerce gros et détail. Quel chambardement, quelle calamité !

Rien ne prévaudra contre ceci :

L'individualisme éclairé pratiquant le végétalisme transforme le milieu en se tranformant lui-même.

Nous savons bien qu'il n'est pas de sauveur suprême, que produits d'une nature implacable, membres d'une société autoritaire les hommes ne sont pas foncièrement bons, ils ne sont que ce que les a fait l'évolution, nous savons bien que nos tares ne disparaîtront pas de sitôt, nous pensons seulement qu'elles s'atténueront par la pratique d'une vie plus rationnelle. Si nous faisons de la propagande pour un système qui permet à l'homme de vivre sur une plus petite étendue de terre, c'est que cette doctrine diminue les causes de lutte, facilite l'harmonie.

Les hommes voudraient bien que les sentiments généreux qui sont au fond de chacun d'eux puissent s'épanouir en actes bienveillants, mais l'exigence des besoins matériels impérieux réduit l'action généreuse à bien peu de chose et la bestialité suit son cours : tous les peuples, toutes les classes sont en proie aux mêmes appétits, dans tous les temps causent les mêmes douleurs.

En évitant les causes de compétition seul le végétalien est agent de moindre mal, c'est tout ce qu'il peut faire et c'est énorme.

G. BUTAUD.

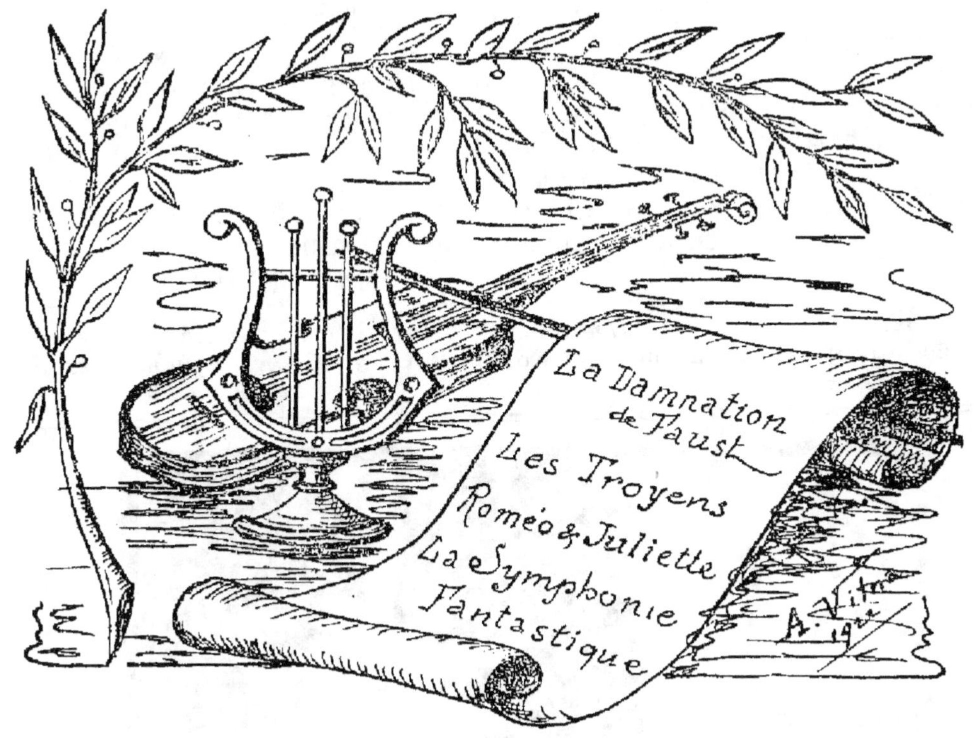

BERLIOZ

(1803-1869)

Dans le dernier numéro du *Neo-Naturien*, je parlais musique. J'exprimais sur cet art adorable et profond ce que j'en pense en tant qu'humain, n'étant pas musicien au sens technique du mort.

Il me vient aujourd'hui en tête le désir de parler de Berlioz. Le fait est que je n'habite pas très loin de l'exquise maisonnette qui fut un moment la sienne rue Saint-Vincent, à Montmartre. Je rêve très souvent devant le jardin minuscule duquel il semble jaillir des sonates mélancoliques. Je rêve et je pleure, car la vie du divin mort fut un calvaire pitoyable.

Ouvrons les dictionnaires : on parle peu de Berlioz. Consultons les programmes de l'Opéra : le *Faust* de Gounod règne en maître, là où l'on ignore le plus souvent l'instimable chef-d'œuvre qu'est la *Damnation de Faust*.

Feuilletons avec dévotion les *Mémoires* de celui que Balakirew a appelé « le seul musicien français ». Dans ces pages maladives et sublimes, on prend sur le fait la douleur poignante des grandes âmes d'artistes, torturées par les éléments les plus paradoxaux, les plus étranges, les plus beaux !

Une crinière de cheveux, un large front sillonné de rides à trente ans, une santé ruinée par les privations, les courses sous la pluie, les sommeils en plein air, voire dans la neige : Voilà Berlioz, nature obsédée par un morbide besoin de tendresse, besoin comblé pitoyablement par intrigues malheureuses.

Et les œuvres du génial malade sont accueillies par la plus glaciale indifférence. Précurseur magnifique, il est bafoué. Plus tard, Wagner s'inspirera de lui et, sans l'avouer, il l'admirera passionnément.

Admirons la pureté virginale de tels duos des *Troyens*, de l'*Enfance du Christ* et de *Roméo et Juliette*. Sentons la puissance réelle du fameux *Requiem* et de la *Symphonie Fantastique*.

Beethoven, Berlioz et Wagner forment le triangle d'or et de lumière qui domine comme une auréole l'art musical.

Robert PEYRONNET.

A la Salle des Fêtes du *Journal*, le 1er octobre dernier, a été représentée une féerie musicale en un acte de Robert Peyronnet, *Les Symphonies de la Clairière*.

PROGRAMME

Notre Propagande des Faits quotidiens

Dans son dernier article, notre camarade Rimbault parle *de la medecine et du médecin*, en effet il est utile, urgent même, de causer de la médecine en général et de la mercante médicale en particulier.

Je sais que théoriquement, seule la médecine préventive naturiste devrait nous intéresser, et que par un juste retour des connaissances des besoins, et l'éducation individuelle aidant, les secours demandés au médecin, même naturiste, seraient d'autant plus réduits. Je sais que ces connaissances, cette éducation engendreraient une humanité peu susceptible d'être malade, mais je vois autour de moi, là où la culture néo-naturienne n'a pas fait son œuvre, là où les principes naturistes sont inconnns la médecine commercialisée fraterniser avec la dégénérescence, et se vautrer dans la décadence humaine.

Ce sont ces faits commerciaux que je veux développer aujourd'hui, car il doit entrer dans notre programme de « propagande de faits quotidiens » de créer l'état d'esprit nécessaire à la suppression des méfaits de certains membres du corps médical.

Il faut absolument qu'à la ville, aux champs, partout, jusqu'aux oreilles des médecins sincères et désintéressés — car il en existe — l'on relate les faits journaliers des médecins mercantis.

Si nous avons des problèmes de haute visée, un idéal sublime qui dirige notre marche, nous devons aussi avoir la partie critique de notre propagande quotidienne.

Que pensez-vous de la médecine actuelle ?

Que pensez-vous de certains médecins qui font revenir à leur cabinet médical, et cela pendant 5 ou 6 visites, un « client » auquel une seule visite et quelques paroles éducatives eussent suffi ?

Que dire également de certains docteurs qui ont pris cette habitude de faire à leurs clients des applications de pommades ou emplâtres quelconques, le plus souvent sans grands résultats, et qu'ils font payer 5 ou 10 fr. en plus du prix de la visite ?

Que pensez-vous aussi de ces médecins, tel celui dont je vais vous citer l'acte peu qualifiable que vous pourrez juger, et chose plus grave cet acte n'est pas un fait isolé, il tend de plus en plus à entrer dans les mœurs de certains mercantis de la médecine.

Voici le fait. Un jour un médecin revenant en automobile d'une visite médicale qu'il venait d'accomplir dans une ferme, loin de la ville, voit au tournant d'un chemin desservant deux ou trois vieilles bicoques, une pauvre vieille lui faire signe de s'arrêter, la pauvresse avait un des siens qui souffrait, qui peut-être mourrait ?

Ah ! la pauvre vieille, elle était heureuse du hasard qui faisait qu'un médecin allait rapidement et inespérément, soulager son patient.

Hélas ! elle devait bientôt déchanter, car après l'exposé de sa détresse, la malheureuse reçut cette réponse foudroyante :

« Quand je serai de retour chez moi vous me ferez demander, je n'accepte pas que l'on m'attende en route ». Là-dessus ordre au chauffeur — ah ! le misérable laquais ! — de partir, et en route !

Voilà ce que l'appât du gain peut faire faire à un homme à qui, soi-disant, incombe le rôle de soulager l'humanité !

(Où es-tu, légendaire médecin de campagne ?)

Et oui, comme cela la « cliente » payera visite entière, avec le kilométrage, déplacement complet, etc.

Voilà où nous en sommes, voilà ce que cet esprit de gain peut faire faire, voilà où en sont les gens qui n'accomplissent pas une tâche en beauté, en artiste. Voilà où en sont arrivés certains médecins demi-fortunés chez qui un train de maison, digne de millionnaire, les obligent à drainer de l'argent pour faire face à toutes les dépenses de Madame, aux frais de réception, de domesticité, etc.

Il est bien vrai que dans cet article-programme je ne vise pas tous les médecins. Non, car là comme ailleurs, il existe des sincères, des dévoués, mais le nombre en est si infime qu'ils font figure d'exception.

Si le courage intellectuel était plus répandu d'aucun n'hésiterait pas à vous dire qu'en effet on ne peut rien attendre de médecins dont l'histoire se résume en ceci :

Fils de charcutiers, d'épiciers enrichis dans le boudin ou dans la mélasse, lesquels gens prétentieux ont poussé l'enfant à l'étude, au bachot, puis jusqu'au doctorat. Le titre est beau, la carrière profitable, et nous voilà un nouveau médecin !

Ah ! l'apostolat de soigneurs dévoués à l'humanité l'ont s'en fiche. Y a-t-on même jamais songé ?

Et c'est ainsi que marche notre société décadente, les titres, l'argent appelle les hommes, mais les responsabilités, les devoirs, personne n'y songe.

C'est ainsi que dans notre propagande que je nomme (des faits quotidiens) nous devons répandre autour de nous toute la vérité, démasquer toutes ces intrigues, tous ces appétits, clamer partout l'horreur de ces choses, et cela jusqu'aux oreilles des docteurs sincères qui peut-être un jour se dresseront à leur tour clamant la vérité à leurs confrères.

Certainement pour cela il faudrait de nombreuses conférences, un organe à très gros tirage touchant les masses en tous lieux. Mais hélas ! y parviendrons-nous ? En tous cas nous œuvrons en ce sens, car il est urgent de dresser une digue contre ce contingent des forces du Mal.

Et en opposition à ces actes inhumains à ce commerce, répandre les principes naturistes et par des actes désintéressés mettre en relief notre idéal.

*
* *

Dans notre propagande des faits quotidiens, il faudrait également crier les méfaits du déboisement — hélas ! que de choses à jeter à la face des pauvres humains — en effet de nos jours nous assistons, impuissants que nous sommes, à cette folie destructive qui est cause de la perte du climat et du déséquilibre des saisons.

Le déboisement : cet inconscient destructeur qui de la planète fera l'immense désert, qui un jour accablera les individus et accablera l'humanité, doit être considéré comme un fléau et combattu comme tel.

Devant ce fait général, composé de destructions quotidiennes, il nous faudrait au moins répandre autour de nous cette idée rationnelle que quiconque occupe, ne serait-ce qu'une parcelle de terre ou de jardin, a le devoir d'y planter le maximum d'arbres fruitiers, ces nourriciers de l'humanité, eux qui permettent la réalisation de l'Eden, eux qui donnent leurs bienfaits à l'homme et le nourrissent sens effort aucun.

Tout cela entre bien dans la propagande de faits et réalisations quotidiennes. Oui, oui, il nous faire l'agitation qui créera le courant d'opinion salutaire.

De même il nous faut des réalisations quotidiennes, car il viendra un temps où l'on concevra difficilement des naturiens vivant à la ville sans mission de propagandiste.

Pour parer à ces lacunes, pour entrer dans cette voie de réalisation, je suis décidé à publier ici dans notre *Neo-Naturien*, en articles, des pages de ce qui constituera un jour l'œuvre de longue haleine à laquelle je m'adonne : « Le Naturacratisme ». Ces pages envisagées au point de vue faits et réalisations immédiats, vont créer un point d'entente entre nous, et surtout une étude sur la tâche qui nous incombe et sur les possibilités de vivre notre Idéal. A ces pages viendra s'ajouter la parution de la brochure « La Cité Naturacratique » ou pour le moins la publication de certains extraits qui serviront à jeter les bases d'un groupement ou d'une société de partisans de la réalisation d'une colonie : de la Cité Naturacratique, dans laquelle nous essayerons de vivre un peu de notre rêve, de nous arracher un peu de ce milieu homicide où nous évoluons, de dresser cet exemple comme un miroir vers lequel viendront tous les pauvres bougres qui comme nous aspirent à vivre bellement, ainsi que les partisans de l'application de l'Art dans la Vie, Idéal noble qui projette sa beauté sur la laideur contemporaine.

Il nous faudra donc dans ladite société que nous composerons, prendre des décisions, compléter nos études, faire un choix de lieu ou de site pour nous établir, et enfin centraliser les fonds nécessaires pour l'édification.

Henry LE FÈVRE.

N. B. — Cette propagande des faits et réalisations journalières ayant une utilité indéniable, nous en continuerons donc l'exposé, considéré à la fois comme partie critique et pratique. Nous parlerons des petits métiers pouvant s'exercer librement, de la vie au grand air, des bienfaits de l'apiculture, des conseils sur l'herborisation, et surtout sur le côté pratique du jardinage. Nos lecteurs sont invités à participer à cet exposé pratique.

Qu'en pense notre ami Butaud ? Lui qu'une longue expérience autorise à parler de ces faits et réalisations.

ENTRE NOUS

Les camarades disposant d'outillages pour toutes professions utiles, de serrures, vis, boulons, matériaux de construction, ainsi que tous appareils d'hygiène, seraient les bienvenus s'ils pouvaient les donner ou les mettre à la disposition de la Colonie de Bascon. Nous insistons sur cet appel urgent, car nos camarades n'ont plus d'outillage. Un *etau* et un *etabli* de menuisier sont demandés *de suite* pour faire face aux travaux les plus indispensables.

Le camarade Louis Rimbault, 88, rue Pelleport, à Paris, se chargera de les expédier et d'en assurer l'application.

NATURIANISME

L'INDIVIDU VEUT-IL RAJEUNIR ?

> Comment répandrais-je autour de moi le bonheur et la sérénité avant de les posséder moi-même ? Comment me donnerais-je avant de m'être débarrassé de mes chaînes ?
>
> (Han RYNER.)

La question est posée. Pour une fois encore, la science fait de belles promesses, bientôt la civilisation connaîtra un charme de plus. C'est la conquête du Nirvana !

Je ne voudrais pas, en ces quelques mots laisser croire à Jaworski, lequel est, je pense, un homme sincère, que je suis un critique malfaisant. Je serais heureux en disant simplement à la science comment je la respecte.

S'il me fallait demain, rajeunir de vingt ans, pour mener la vie d'antan et celle du présent, ce serait avec joie que je me refuserais à ce recul. Messieurs les savants, Messieurs les connaisseurs *de tout et du tout*, pour une fois encore, je constate que l'on va mettre la charrue avant les bœufs. Vous voulez par un moyen que je ne conteste pas, nous remplir de sang rouge ; faire de nous de nouveaux hommes. Que cela serait beau ! Quelle révolution ! Oui, mais attention aux fleuves de sang noir ! Gare à l'asphyxie ! Vous n'avez pas bien nettoyé votre bistouri. Voyez les virus : *casernes, prisons, hôpitaux, usines, bureaux, taudis, religions, lois, etc., etc.*, qui viennent enrayer notre marche.

Vous voulez nous rajeunir, mais il y a une chose bien plus simple, s'il est en votre pouvoir de faire quelque chose pour cette humanité si décadente : *empêchez-nous de vieillir*...

Je connais des jeunes qui, par ces gangrènes : *misère, ennui, travail* sont déjà à deux pas de la tombe. Je pense que votre innoculation ne fera rien pour les raviver. Le microbe qui les ronge, pour le faire disparaître, il faudrait messieurs les scientistes, un travail plus considérable que celui que vous tentez. Il faudrait s'attaquer à ce microbe féroce : *la Société*. En avez-vous le courage ? Etes-vous capables de faire un effort en vue d'un devenir meilleur ? C'est le moment de montrer vos capacités et de mettre quelques fleurs sur le beau char de la *Civilisation*. Il ne faut pas s'arrêter à mi-chemin ; ensemble si vous le voulez nous allons continuer la route. Laissons de côté les hommes, la gloire, renversons les vagues du *quelque chose* pour rentrer dans l'océan du *quelqu'un*.

Rajeunir ! rajeunir ! est votre cri. Empêcher de vieillir est le mien.

Pour que je vous écoute, dites bien fort que nos organes se refusent à un travail aussi pénible que celui imposé par la société. Que nos poumons sont réfractaires à l'air des villes. Que notre cerveau n'est pas fait pour être embrigadé. Dénoncez la nocivité de l'aliment carné. Que l'alcool, le tabac sont des poisons. Que l'exploitation de l'homme par l'homme est œuvre d'imagination, mais non pas de la nature. Que l'air, la lumière et le soleil sont les seuls médicaments nécessaires a l'homme. Alors sera utile votre besogne et peut-être le résultat en sera-t-il meilleur.

Pour moi toute tentative d'affranchissement qui n'a pas trait à l'élévation de *l'Individu* est vaine. Quiconque exalte l'esclavage est mon ennemi.

La *Civilisation, le Progrès, la Science.* Que veulent dire ces mots? Dans le domaine de mes sens et de mon entendement, pour moi cela veut dire : *cruauté, barbarie et tuerie* ; je veux même ajouter « dans le domaine des preuves ».

En mon nom, je me refuse à cette science « imagination de l'homme », dogme aussi violent que toutes les religions ; marchande de futur, mais incapable de bien œuvrer dans le présent. Si j'ai passé des jours et des nuits pour combattre les entités qui me rongeaient ce n'est pas pour te tendre les bras et te cajoler « hydre » aux cent mille têtes. Des preuves, je demande quelque chose de tangible et je ne vois que des farces. *Guérison de la tuberculose :* 50.000 spécifiques, 100 sanatoriums de plus. *Guérison de la syphilis :* 40.000 avariés de plus. *Atténuation de la folie :* construction d'asiles de tous côtés (1).

Messieurs les thérapeutistes, si nos artères ont de l'hypertension, si le sang noir domine notre sang rouge, je vous souffle la recette : *exalter la vie naturelle.* « L'homme est de tous les animaux celui qui peut le moins vivre en troupeau », a dit J.-J. Rousseau. Osez attaquer les dogmes qui font des maîtres et des esclaves. Quand vous aurez secoué tous ces préjugés, peut-être suivrais-je le chemin que vous aurez tracé.

A toi, *Individu,* de choisir : continuer à être un rouage de la machine qui tue, un esclave, un chien couchant, une victime de tous ces marchands de bonheur, un pilier d'hôpital ou de prison. Ou de tendre ton ressort pour t'échapper de cette ambiance maudite, d'essayer de vivre en harmonie avec ton cœur et ton cerveau, loin des hurleurs et des pleureurs. Dieu ! mais c'est toi. La Science ! mais c'est encore toi.

Libertaires, amis inconnus, frères de ma tendresse et de mon esprit. Affranchissez-vous. Ne comptez que sur vous. Faites tout votre possible pour ne pas être des vieillards à trente ans.

A. BAILLY.

1. Je ne cite que les principaux maux.

Réponses à quelques Objections

Pour Séneros.

Nous sommes tout à fait d'accord, camarade, je n'ai soulevé moi-même aucune objection, j'ai simplement reproduit quelques réflexions émises par un camarade [voir *sous-titre* de l'article n° 6 du *N.-N.*] qui étudie et s'efforce de comprendre — car c'est un manuel, non un intellectuel-manuel comme nous autres — les problèmes que suscite l'exercice des diverses modalités de la vie naturelle défendue dans cette Revue. Si ce camarade répond et formule de nouvelles objections, nous les reproduirons ici, s'il y a lieu et les examinerons par la suite.

***

Pour Aug. Trousset.

Quant aux réponses d'A. Trousset aux critiques qui lui ont été adressées [lesquelles n'émanent point de moi, je le répète], je les trouve pleines de justesse et son plan de vie naturienne. — sans l'avoir réalisé ni même étudié — me semble assez vraisemblable.

Henri ZISLY.

Vers une Internationale Naturienne

A propos de notre projet de parution du *Néo-Naturien* en langue Internationale, et après échanges de vues, nos camarades Idistes nous proposèrent d'admettre à égalité l'*Espéranto* et l'*Ido* (Réforme - Espéranto). L'étude de ce projet continue donc au point de vue technique.

***

Dans notre dernier n° et sous ce même titre, j'ai dit tout l'espoir que m'inspirait cette réunion d'articles émanant de nos collaborateurs étrangers et ce que j'en espérais pour le plus grand bien de nos relations comme de notre initiation internationale.

C'est qu'en effet d'après mes travaux sur ce sujet il m'apparaît que le mouvement naturien semble diverger quant aux modes de propagande et de réalisations idéalistes selon les pays où il est propagé.

Par contre la France, l'Allemagne et l'Espagne semblent avoir un mouvement composé d'éléments ayant des aspirations communes. A noter cependant que cette dernière compte un nombre de tentatives de réalisations bien supérieures à celui des deux autres, auxquelles s'apparente le mouvement Sud-Américain.

D'un autre côté à première vue le mouvement Indou semble un mouvement spécifiquement théosophique et nous serons sans doute fixé à ce sujet quond notre correspondant aura achevé son voyage d'étude à travers l'Inde, et nous aura communiqué les documents que nous publierons aussitôt.

De même d'un article d'un de nos correspondants polonais que nous publierons également dès que j'aurai terminé l'adaptation au Français.

Ci-dessous nous publions l'article de notre collaborateur russe Nik Yushmanow et nous nous devons de déclarer que les idées industrielles et opportunistes émises à la fin de cette article doivent êtres considérées comme idée purement personnelle de l'auteur, et non comme celles de l'ensemble de la rédaction.

***

France

Aux camarades de la Région Ouest

Nous vous informons que notre camarade et collaborateur Hervé-Coatmeur organise une tournée de conférences naturistes avec le concours du camarade Louis Rimbault.

Que les camarades de cette région écrivent et se mettent d'accord avec Hervé-Coatmeur [Foyer Naturien], 71, rue Emile-Zola, Brest [Finistère].

Deux aspects de la culture

Parmi les inventions techniques de notre siècle nous pouvons sans doute trouver beaucoup de choses utiles, quand nous pensons au retour au sein de la nature, nous ne devons pas, tout à fait et sans réserves, bannir les idées de culture technique, même si les qualités rébarbatives des machines et de la culture « machinière » spécifique versent leur poison dans le verre de nos sentiments naturo-poétiques. Nous commettrions une faute irréparable, si nous faisions de la nature notre dieu, au lieu de l'accepter telle qu'elle est. La faute de l'extrémité contraire est commise par les pananarchistes de Moscou qui ont publié quelques brochures sur leur culture particulière, nommée *Ao*, dont la devise est « Pas de Dieu ni de nature ! Inventez l'humanité ». On ne peut pas nier l'existence de la nature ; pincez-vous vous-mêmes, quand vous douterez de cela ! Quant à la culture, nous sommes généralement très loin de nier son existence, mais... nous ne pouvons pas l'apprécier également ; l'idéal de la culture contemporaine est inconnu jusqu'ici... Gratter le ciel par les maisons centiétagiaires, s'exterminer mutuellement par les ultra-canons, s'intoxiquer par toutes les espèces de l'alcool ? C'est on peut dire le sens négatif de la culture ! Mais que dira-t-on des enfers qu'en « langage d'affaires » : on nomme les usines de première classe, des lieux de chauffage des vapeurs modernes, même simplement — de la cuisine d'une ménagère européenne ? C'est le sens positif de la culture, n'est-ce pas ? Nous ne voyons ici que les buts pacifiques de l'industrie, des communications et de notre existence physique ! Cependant, notre culture contemporaine ne sait ou ne veut atteindre des buts positifs que par les moyens trop difficiles, anti-naturels jusqu'au *nec plus ultra*, c'est-à-dire : négatifs.

Il est assûrément superflu de répéter nos accusations habituelles contre la culture négative ; elles sont bien connues de tous les hommes progressifs ou révolutionnaires ! Mais les moyens négatifs, employés constamment pour atteindre des buts positifs, sont dignes de nos reproches, ainsi que les malignes idées elles-mêmes. Quoique comparaison ne soit pas raison, nous pouvons comparer quelques inventions modernes, en cherchant où se trouve la commodité maximum avec la simplicité relative, mais bien palpable : le télégraphe de n'importe quel système habituel — et le radiotélégraphe ; les trains mêmes extra-rapides, les navires même de construction « fin du siècle » — et les aéro-communications. Comparément les premiers sont beaucoup plus pesants, plus rigides, plus subjugants que les seconds qui au contraire sont beaucoup plus légers, plus élastiques, plus émancipants. Ces comparaisons m'en suggèrent une autre entre : le style des langues classiques [grec, latin, hebreu...] et celui des langues modernes [anglais, français, ido...] qui sont de véritables antipodes dans la même relation, les premiers étant trop pesants, rigides et, pour tout dire, avec un fardeau insurmontable, les derniers étant bien fluides, élastiques et, on peut dire, avec les ailes du vent !

Je pense, que les néo-naturiens et tous les amis d'opinions à peu près identiques ou semblables aux nôtres peuvent adopter comme principe de leur activité, le renoncement à la culture contemporaine et cela coûte que coûte, préférer, inventer et diffuser la culture légère au lieu de la culture pesante. On sait bien que pour préparer les avions et pour émettre les radios on doit faire beaucoup de choses en des conditions infernales d'usines, soit mécaniques, soit électriques, soit même chimiques ; mais... on doit travailler pour inventer ou appliquer le déjà inventé en vue d'émanciper la culture [demi-] légère de toutes les choses qui restent encore comme fardeau hygiénique, social, esthétique, économique ! On perfectionnera et simplifiera les turbines et les moulins à vent — on émancipera toute l'électricité de notre culture ; quelques perfections de la technique-constructrice et de la métallurgie nous donneront les machines [simplifiées et perfectionnées à la fois] sans l'enfer d'aujourd'hui !

La nourriture légère, la pensée légère, la technique légère, ou la culture et la vie légère. Tout ceci se trouve entre nos mains !

Nik YUSHMANOV, *Pétrograde.*

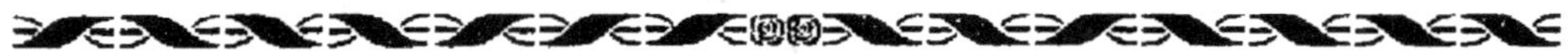

Pour la Vérité Naturiste

A M. le Dr P. Carton, au camarade
Henri Zisly. Respectueusement.

Je ne puis m'empêcher de parler de la mort de Marius Cayol, ce n'est pas que je veuille faire du bruit autour de sa mémoire, non bien au contraire, je désirerais même que la mort d'un propagandiste ne soit pas interprétée de différentes façons, et qu'elle n'entre dans aucun débat.

C'est donc pour ces raisons que je cite les deux versions suivantes relatives à la mort de Marius Cayol.

De *La Vie Naturelle*, nº 8 (octobre-décembre 1920) :

« Marius Cayol. Actif propagandiste naturiste, assassiné par les autorités policières de Séville et Nerva (Espagne 1918). Cayol fut pris, paraît-il par erreur, pour un agent bolchevik. »

De *La Revue Naturiste*, nº 7 (septembre-octobre 1922) :

« Marius Cayol, quand je l'ai rencontré en Belgique (1908), était un jeune Marseillais qui ne vivait que d'aliments crus depuis un certain temps. Il était fort. Pendant cinq ans je le perdis de vue et, en 1913 je le rencontrai en Italie. Il avait beaucoup changé ; il était adipeux et mangeait toutes sortes d'aliments cuisinés, beaucoup d'huile et de *confitures*. Vers la même époque, il partit pour l'Espagne où il est mort de la grippe pendant la fameuse épidémie. Il avait trente ans. »

Donc, sans désir de polémique, pour la vérité naturiste, pour la vérité tout court, et rien que pour cela, je demande que les causes de la mort de Marius Cayol soient nettement situées.

Henry LE FÈVRE.

Ce que peuvent les déments

J'ai souvent dit ici, comme ailleurs, et même dans le « Manifeste du Néo-Naturien », que les hommes, en leur folie destructive, finiraient par ronger la planète, la transformer en un désert implacable. Je ne pouvais dire mieux, des gens autorisés en attestent et j'en profite pour renouveler mon cri d'alarme et pour dire aux naturiens et aux néo-naturiens de toutes tendances de veiller et d'agir afin de faire prévaloir l'instinct de conservation de l'espèce elle-même — l'instinct « facteur principal des actes de la vie, du mouvement » (1), que l'homme semble avoir perdu — et créer un mouvement d'opinions salutaires et d'hygiène morale qui mettra frein à la folie des pauvres humains.

J'en profite donc pour reproduire certains passages de la *Semaine Scientifique* que publie le Dr Grégoire dans le *Journal du Peuple*, et pour commenter comment la science malfaisante de l'homme peut nuire à la Nature et l'entrainer lui-même à sa propre déchéance.

Le danger présent réside en ce que le capitalisme américain ayant fait « donner » les ingénieurs, les industrialistes, les savants ! à sa solde, vient de manifester l'intention de « détourner le Gulf-Stream, si important pour le climat d'Europe », et envisager des travaux dont l'effet serait désastreux pour l'humanité et qui consistent en ceci : « rétrécir le canal de Floride, par lequel le Gulf-Stream sort du golfe du Mexique. Le jour où le fameux courant équatorial, dirigé de l'est à l'ouest, de la côte d'Afrique vers celle de l'Amérique et dévié sur sa droite par la rotation de la terre, serait détourné, les Iles Britanniques, la France, le Portugal et tous les pays du nord de l'Europe connaîtraient des hivers rigoureux de — 35 et — 40 degrés centigrades. On pourrait circuler en traîneau, en skis. En même temps, toute la végétation de nos climats tempérés disparaîtrait. »

Voyez où cette démence de rapaces civilisés peut nous conduire.

Puis, voici des chiffres :

« D'après M. A. Berget, professeur à l'Institut du musée océanographique, le Gult-Stream apporte avec lui la chaleur et la fécondité. Ses eaux chaudes entraînent des courants aériens chauds et humides. C'est au Gulf-Stream que les côtes d'Europe occidentale doivent leur régime brumeux et pluvieux. La chaleur entraînée dans une journée, par lui, atteint le chiffre fantastique de 39.500.000.000.000.000.000 [dix-sept zéros] de calories, le calorie étant, comme on le sait, la quantité de chaleur nécessaire pour élever d'un degré la température d'un kilogramme d'eau.

» Pour juger de l'importance vitale pour l'Europe du Gulf-Stream, il ne faut guère oublier son courant aérien, qui adoucit le climat anglais, français et norvégien. Il n'est pas arrêté, comme le courant marin, par la barrière continentale. Après avoir réglé les pluies européennes et condensé ses vapeurs sur les lacs de Suède, de Finlande et de la Russie du Nord, il

(1) Voir *Néo-Naturien* n° 2.

est dévié vers sa droite par la rotation terrestre, redescend les steppes de l'Asie Centrale et, ayant perdu sa chaleur et son humidité, devient sec et froid en Russie et aride et brûlant au-dessus du Turkestan, de l'Arabie et du Sahara. »

Puis un résultat :

« La déviation du Gulf-Stream, entrainerait le bouleversement climatérique de trois continents. »

Et que l'on y prenne bien garde, car la chose est réalisable facilement et dans un temps peu long, du simple fait que le détroit de la Floride entre la Floride même et l'île de Cuba, n'a que 160 kilomètres de largeur sur une profondeur de 400 mètres.

Puis, par l'enchainement des choses, nous en arrivons au problème social :

« Comme le dit bien M. Marcel Pays, la possibilité d'un détournement artificiel du Gulf-Stream est le plus tragique problème de droit international. Il faudrait bien nous défendre si on voulait nous priver du calorifère gratuit. Nous ne voulons pas, à cette occasion, prêcher une bonne petite guerre, la toute dernière, pour réchauffer le patriotisme de quelques requins. On trouvera d'autres moyens pour arriver à un arrangument international. »

Evidemment, il vous faudra bien trouver un moyen, et ce moyen nous ne cessons de le clamer : le retour à la vérité naturelle, loin des calculs de bureaux et de laboratoires. Nous ne cessons de dénoncer les dangers de l'état d'esprit industrialiste outrancier et le régime inique que nous vivons.

Tout s'enchaîne dans la vie.

Toutes ces violations de la Nature ne restent jamais impunies et l'homme, chaque fois que dans son sadisme il viole et éventre cette Nature, mère nourricière de tous, il en ressent les effets désastreux sur ses propres subsides comme sur son propre corps et retombe épuisé davantage dans le Grand Tombeau de la Décadence.

Ce qu'il faut, je le proclame, c'est une organisation, une presse de propagande internationale, qui, partout, clame, enseigne la vérité naturelle par dessus la tête des obstinés savants penchés sur les cornues de la Mort. C'est créer une génération nouvelle, éprise de désirs sains basés sur une éducation que n'enseigne aucune école officielle et tremper des individualités assez fortes pour échapper au mirage des tentations que reflète le régime capitaliste.

Henry LE FÈVRE.

Actuellement nous nous occupons à traduire le *Petit Catéchisme Naturiste*, publié en langue espagnole par la Revue *Helios*. Nous en commencerons la publication prochainement.

Le Gerant : H. LE FÈVRE.

Thouars. — Imp. du Progrès.

SOCIÉTÉ

Abstème-Longevitale-Universelle-Sanitaire

STATUTS *(Suite)*

Art. 11. — Toutes les lois salusiennes et toutes les nominations des Majstroj et des autres Ordres supérieurs sont faites et proclamées par décrets du P. A. T. R. O. revêtus du cachet du Massimo Senopio Romano.

Art. 12. — Le Patrimoine Salusien de toutes les parties du monde est administré au nom du P. A. T. R. O. siégeant dans le Massimo Senopio Romano.

Art. 13. — Le Senopio de chaque pays est dirigé par un Majstro désigné par le Collège des Doktoroj et nommé à vie par le Conseil Patricial Provincial sur décret du P. A. T. R. O. revêtu du sceau du Massimo Senopio Romano.

Art. 14. — Dans chaque ville salusienne, un Collège des Doktoroj est institué pour la tutelle, l'ordre et la discipline des Senopi placés sous sa juridiction, pour la fondation de nouveaux Senopi, et pour proposer au Conseil Patricial les mesures nécessaires au développement progressif de la S. A. L. U. S.

Le Collège est présidé par un Patricio délégué par le Conseil Patricial Provincial.

Art. 15. — Dans tout chef-lieu de province salusienne sera institué le Conseil Provincial de l'Ordre des Patricioj, qui a mission d'approuver et de sanctionner les délibérations du Collège des Doktoroj, de proposer au collège des Jarcentuloj les mesures aptes au maintien de l'ordre et de la discipline dans les maisons et les collèges de sa propre juridiction, et de veiller à l'exécution des lois promulguées par le Massimo Senopio Romano.

Le Conseil de l'Ordre est présidé par un Jarcentuloj délégué par le commandement en chef des Jarcentuloj.

Art. 16. — Dans chaque chef-lieu de province salusienne est institué le quartier général de l'ordre des Jarcentuloj, en vue de l'approbation des mesures de caractère organique relatives aux ordres mineurs, des propositions de lois juridictionnelles à soumettre à l'approbation du P. A. T. R. O. Ce quartier général est dirigé par un Jarcentulo Maggiore, nommé par décret du P. A. T. R. O.

Art. 17. — Chaque juridiction territoriale est déterminée par décret du P. A. T. R. O., sur proposition des chefs des ordres.

Art. 18. — L'amour fraternel, profond et durable, unissant les peuples salusiens, est une des plus chères aspirations de la S. A. L. U. S.

Le P. *A. T. R. O.*,
FORTUNATO.

En vente à nos bureaux :

La Tour d'ivoire vivante, par Gérard de Lacaze-Duthiers, un fort volume, prix : 15 francs; franco recommandé, 16 fr. 45.

Morale fondée sur les Lois de la Nature, par M. Deshumbert, franco 3 fr. 80.

Le Naturisme, par Edmond Corval, franco recommandé, 2 fr. 50.

Contribution à la Réforme Sociale, par Frédéric Macé, prix 1 fr.

Pour ne jamais fumer, par Louis Rimbault, franco 1 fr. 05.

La Conception du Naturisme libertaire, par Henri Zisly, 0 fr. 75.

Essai d'étude du Besoin, par G. Butaud, franco 0 fr. 55.

Les Lois Naturelles base de Doctrine Universelle, par G. Butaud, franco 0 fr. 55.

Le Lait et les Œufs, par Sophie Zaïkowska, franco 0 fr. 35.

A bas l'alcool! par E. Petit-Strix, préface du Dr Legrain, franco 0 fr. 25.

Verrues Sociales, par E. Bizeau, franco recommandé 1 fr. 60.

Chansons de Eugène Bizeau : Les Chansons qui passent, recueil franco 0 fr. 70 ; **Le Travail, Nos Ennemis,** 0 fr. 50 ; **Les Petits Ouvriers,** 0 fr. 35 : **Chez Eux, Chez Nous,** 0 fr. 35 : **Debout,** 0 fr. 25.

Papillons de Propagande Végétarienne, 5 feuilles 0 fr. 30.

Cartes postales, éditées par Hervé du Sphinx, la pochette de 12, 1 fr. 15, franco.

www.ingramcontent.com/pod-product-compliance
Lightning Source LLC
LaVergne TN
LVHW082354160826
845678LV00008B/1842
* 9 7 8 2 3 2 9 7 6 4 9 7 9 *